LE DÉFI ARABE

Éditeurs:
LES ÉDITIONS LA PRESSE, LTÉE
7, rue Saint-Jacques
Montréal H2Y 1K9

Maquette de la couverture:
JEAN PROVENCHER

Plan géographique des États-Unis arabes:
FRANÇOIS HUET

Dépôt légal:
BIBLIOTHÈQUE NATIONALE DU QUÉBEC

4e trimestre 1978
ISBN 0-7777-0206-1

LE DÉFI ARABE

ROBERT GAGNON

la presse

Collection Temps présent

DU MÊME AUTEUR

LES CANTONS DE L'EST, Montréal, Editions HRW, Ltée, 1970.

CONSEILS PRATIQUES AUX DÉTAILLANTS, Sherbrooke,
Robert Gagnon, 1974.

GÉOGRAPHIE ÉCONOMIQUE DU QUÉBEC, Sherbrooke,
Robert Gagnon, 1977.

Table des matières

Introduction

Arabes, entendez par ce vocable non seulement ceux qui vivent en Arabie Saoudite, mais surtout tous ceux qui sont originaires du Proche-Orient, qui parlent la langue arabe depuis des générations et qui se réclament de l'Islam. Plus récent que le défi américain, le défi arabe n'en demeure pas moins plus pénétrant et plus universel. Il révolutionne de façon dramatique les anciens schèmes de la société industrielle, il les bouleverse au point d'ébranler les assises mêmes d'une civilisation qu'on croyait inéluctable et pleine d'espoir. Prenant à sa source les principales composantes de la civilisation occidentale et paradant ses abus, il multiplie les fausses aspirations de la machine au point d'en utiliser tous les engrenages pour ensuite la faire grincer. Car la civilisation industrielle de type occidental qu'on croyait à nulle autre pareille dans l'Histoire se mesure tout à coup à un géant né de lui-même, mais puissant et souvent indifférent aux torts et travers de l'Occident. Capitalisme pour capitalisme, la rencontre chevauche des intérêts complémentaires et divergents à cause surtout du fait que l'un se nourrit de l'autre mais l'autre, que fera-t-il pour vivre et grandir selon ses propres aspirations? La question reste posée, même si on désespère du capitalisme et qu'on se retourne vers le socialisme étriqué et vantard qu'ont connu des peuples assoiffés de liberté et démunis devant la tâche à accomplir. Les moyens sont là en attente, en attente d'un redressement économique qui risque lui-même d'alimenter davantage les convoitises des esprits imbus de socialisme et des malins comploteurs capitalistes. L'enjeu vaut vraiment la peine, si l'on songe que posséder une telle concentration de pouvoir énergétique et financier donnera raison même à ceux qui, d'une erreur à l'autre, auront eu l'habileté nécessaire pour faire travailler à leur avantage les multiples ressources, qui n'auront cessé de les adorer au cours du dernier quart de siècle. Le défi arabe, dans son essence même, est, entre les mains d'une nouvelle oligarchie, la concentration de la majorité des ressources en hydrocarbures et de la majorité des capitaux à réinvestir pour perpétuer la vie même de la civilisation industrielle. Il tient le monde mécanisé entre ses mains et il en fera ce qu'il veut si ce dernier, réagissant comme le granite, sombre dans l'erreur de l'égocentrisme et du chauvinisme. Pourquoi se résigner alors que s'ouvrent des avenues nouvelles à un monde qui désespérait de voir toujours se concentrer l'initiative et la responsabilité économiques dans les bourses européennes, américaines ou japonaises? Le renouveau s'annonce, il est arabe, qu'on le veuille ou non. Il est puissant, il est différent, mais non indifférent. Il livre un message au monde; qu'on écoute et il fera entendre une voix nouvelle, riche et monocorde.

De toute façon, les pays industrialisés doivent déjà choisir entre abaisser volontairement leur standard de vie ou s'attaquer vigoureusement au développement d'autres formes d'énergie, s'ils veulent éviter d'être assujettis aux demandes de dollars des pays producteurs de pétrole. Il est déjà trop tard, les Arabes ont devancé toutes les prévisions.

I

Situation privilégiée
des Arabes

Au point de vue géographique

Le Proche-Orient est l'un des plus vieux carrefours du monde, point de soudure entre trois continents, croisement de grandes routes commerciales, point stratégique de première importance. Deux axes, l'un nord-sud et l'autre est-ouest, s'y croisent, le long desquels s'ajoutent échanges commerciaux, culturels et religieux. Plus que tout autre endroit au monde, il est le pivot auquel se rattachent les masses asiatiques, la décolonisation africaine et l'industrie européenne. Les frontières n'ont plus de sens lorsqu'on examine la répartition de la population et des ressources, car le Proche-Orient, même dans sa partie la plus désertique, a toujours été un immense boulevard où se sont brassées idées, affaires et guerres. Il joue le rôle d'un intermédiaire indispensable et monopolisateur. Exploité pendant des siècles au profit des étrangers, il risque aujourd'hui de tirer avantage de sa situation unique de centre du monde et il constitue l'habitat naturel, historique et inaliénable des Arabes. Peu de peuples ont été si stratégiquement bien situés au cours de l'Histoire; il s'agit à toutes fins utiles d'un cas unique.

A cause du climat désertique chaud qui y règne à peu près partout, les eaux de la Méditerranée orientale, du canal de Suez, de la mer Rouge, du golfe d'Aden, du golfe Persique et de la mer d'Oman sont en tout temps navigables, dépourvues qu'elles sont de glace et de brume. On ne peut en dire autant du golfe Saint-Laurent, de la mer du Nord ou de la Baltique. Le golfe Persique prend plutôt l'allure d'une mer intérieure ne débouchant sur la mer d'Oman et l'océan Indien que par le détroit d'Ormuz. Comme la mer Rouge, il constitue aussi une voie de pénétration naturelle vers l'Europe, séparant l'Asie de l'Afrique. De plus, la mer Rouge borne l'Arabie Saoudite à l'ouest et le golfe Persique, à l'est.

De l'Egypte à l'Asie Mineure se referme la Méditerranée orientale. En arrière des franges côtières libanaises, syriennes, israéliennes, les déserts se prolongent jusqu'aux rives du golfe Persique et de la mer Rouge, jusqu'aux eaux parallèles puis mêlées du Tigre et de l'Euphrate, au pied des chaînes puissantes qui les dominent, jusqu'à la mer d'Oman. C'est ce nœud de l'ancien monde, ce lieu où se frôlent les terres de l'Asie et de l'Afrique, rapprochées jusqu'à les toucher de celles de l'Europe, que l'on nomme Proche-Orient. Là, les trois vieux continents se soudent par un de leurs angles et, de là, ils s'épanouissent comme trois fleurs gigantesques et différentes, parmi les eaux des océans. C'est un isthme entre deux étendues maritimes: la Méditerranée allongée entre l'Europe et l'Afrique à l'ouest et l'océan Indien qui borde l'Asie méridionale à l'est. C'est un isthme découpé, pénétré par des entailles si profondes qu'elles ne laissaient parfois subsister que quelques kilomètres de terre, telle l'étroite bande de Suez au bout de la mer Rouge. Et voilà pourquoi, depuis toujours, les hommes ont traversé cet isthme pour aller d'un rivage à l'autre et pourquoi ils se sont acharnés à le couper pour ne plus avoir à quitter leurs bateaux.

Mais ces terres forment aussi un pont par lequel les peuples d'Asie ont déferlé vers l'ouest et que les conquérants, d'où qu'ils vinssent, ont utilisé pour pousser leurs conquêtes.

Carrefour des voies maritimes de l'Europe occidentale vers l'Extrême-Orient, et de cette longue bande d'immensités désertes que parcourent les nomades et qui coupent le vieux monde du désert saharien au Gobi désertique, quoi d'étonnant à ce que cette région du monde soit une porte à deux faces! Quoi d'étonnant à ce qu'elle ait des villes, filles des plus anciennes cités du monde, ancêtres de la civilisation urbaine, et des campagnes où parfois apparaît déjà la fourmilière humaine des plaines extrême-orientales, à ce qu'elle ressemble à un creuset où se sont fondus, mêlés, mille apports, que ce soit des plantes, des hommes, des civilisations venus d'ailleurs et repartis, de là, plus loin, après avoir laissé quelques traces de leur passage. Carrefour, passage, ce nœud de

10

l'ancien monde qui a connu les plus vieilles civilisations de la terre a été le théâtre d'une des réalisations les plus grandioses du XIXe siècle, le percement de l'isthme de Suez, et certaines de ces terres récemment morcelées en Etats indépendants sont maintenant transformées par la toute-puissante civilisation du pétrole. Une évolution aussi complexe a créé un milieu étrangement passionnant et divers qui requiert l'attention.

Au point de vue pétrolier

Dans ce subtil jeu de facteurs, parfois étrangement divers dans leur analogie ou curieusement proches dans leur originalité, à travers la multiplicité des Etats, deux faits apparaissent comme fondamentaux: l'importance considérable du pétrole et les modifications de structure économique se traduisant par l'évolution de la société arabe.

Le pétrole du Proche-Orient joue un tel rôle international qu'il donne à ces pays d'économie générale une importance disproportionnée. On l'a vu jaillir en quantité commerciale successivement en Iran en 1911, en Irak en 1927, aux îles Bahrein en 1932, en Arabie Saoudite en 1939, dans le sultanat de Koweit en 1938, à Qatar en 1949 et un peu partout autour du golfe Persique au cours des années 50 et 60. La production d'ensemble, qui ne représentait en 1914 que 0,7 p. 100 de la production mondiale, est passée à 12,2 p. 100 en 1948, 15,1 p. 100 en 1949, 23,2 p. 100 en 1959, et à près de 50 p. 100 en 1977. Les deux guerres ont eu des conséquences importantes sur l'accroissement de ce pourcentage: augmentation de la demande mondiale et action des pays belligérants, Angleterre, puis Angleterre et Etats-Unis, qui avaient besoin du précieux carburant pour leurs opérations militaires. En 1977, le Proche-Orient produisait plus de 1,3 milliard de tonnes de pétrole. Or, cette production ne représente, contrairement à ce qui se passe aux Etats-Unis, qu'une très faible proportion par rapport aux réserves qui sont énormes. D'après les dernières estimations, celles-ci atteindraient 70 p. 100 du total des réserves mondiales. De ces réserves, Koweit en détiendrait 9 p. 100, l'Arabie Saoudite, 35 p. 100, l'Iran, 13 p. 100, l'Irak, 7 p. 100. Les réserves du Koweit sont le double de celles estimées pour les Etats-Unis: c'est dire la prodigieuse richesse de ce territoire minuscule. Aussi, dans les conditions d'exploitation actuelles, le taux d'épuisement n'est que de 1,0 p. 100 pour le Proche-Orient alors qu'il est de 7,4 p. 100, aux Etats-Unis.

La richesse des gisements se manifeste encore par le débit moyen des puits (250 fois plus élevé par puits qu'aux Etats-Unis), la profondeur des gisements (la majorité des puits du Proche-Orient ne dépassent pas 100 à 200 m de profondeur). Enfin, étant données les faibles capacités industrielles, la région consomme peu et est une grande exportatrice: 90 p. 100 de sa production est vendue à l'extérieur et cela représente près de la moitié du pétrole commercialisé dans le monde.

On pourrait presque dire du Proche-Orient ce que l'on a dit du Venezuela: partout où on fait un forage, on a des chances de voir le pétrole jaillir. Les derniers gisements découverts ne sont pas les moins importants, et les plus récents, comme ceux du Koweit ou de l'Arabie Saoudite, qui étaient inexistants à la veille de la guerre, tiennent maintenant la tête dans le palmarès du Proche-Orient. Les concessions de prospection actuelles se partagent complètement le golfe Persique, dans lequel on a déjà découvert plusieurs gisements sous-marins, et il semble bien que cette gouttière et ses abords soient, jusqu'à maintenant, la plus riche zone pétrolifère du monde.

La structure de l'exploitation pétrolière s'explique par trois faits. Tout d'abord, au Proche-Orient, les richesses du sous-sol n'appartiennent pas au propriétaire du sol mais à l'Etat; c'est donc lui qui est maître d'attribuer des concessions et qui en perçoit les bénéfices. D'autre part, l'incapacité économique de ces Etats avait conduit les compagnies concessionnaires à prendre complètement en charge toutes les installations matérielles de l'exploitation, des transports et des transformations.

L'évolution mondiale générale a provoqué une réaction des Etats pétroliers contre cette emprise des grandes compagnies: le premier, l'Iran, a secoué le joug en 1951, mais il a dû faire partiellement machine arrière; plusieurs autres gouvernements, sans aller aussi loin, ont adopté une politique beaucoup plus sévère vis-à-vis des sociétés. Comme au même moment la concurrence se faisait plus vive entre les grandes puissances financières s'intéressant au pétrole (développement des intérêts américains, entrée en scène des Soviétiques, des Italiens, des Allemands de l'Ouest et même des Japonais), cela a renforcé les possibilités de pression des gouvernements locaux et avivé leurs exigences.

Jusqu'à la Seconde Guerre mondiale, l'Angleterre avait la prééminence dans l'exploitation: en 1938, les intérêts britanniques et néerlandais contrôlaient 79,7 p. 100 de la production totale, ceux des Etats-Unis seulement 13,9 p. 100, et ceux de la France, 6,4 p. 100. En 1959, après une éclipse marquée des pays européens due aux répercussions de la nationalisation iranienne, la situation leur était redevenue un peu plus favorable et l'on avait 37,2 p. 100 de l'extraction pétrolière aux mains des intérêts britanniques et néerlandais, 55,2 p. 100 contrôlés par les Etats-Unis, et 7,6 p. 100 par la Compagnie française dès Pétroles.

A côté de ces grandes compagnies internationales sont apparues des sociétés nationales, chargées tout autant de coordination et de contrôle que de vente, comme la Compagnie nationale iranienne. Les conditions de contrat ont également été profondément bouleversées: les Américains avaient offert, en 1949, au roi d'Arabie, une participation de 25 p. 100 aux bénéfices de leur exploitation mais, dès le 30 décembre 1950, l'accord était révisé et introduisait, à partir du 1er janvier, une formule de partage égal des revenus. Ce fameux accord moitié-moitié (système *fifty-fifty*) se répandit en moins de trois ans dans les principaux Etats pétroliers, mais il fut rapidement dépassé: les Italiens, les Japonais et les Soviétiques en particulier offrirent des conditions encore beaucoup plus avantageuses. D'autre part, le calcul des indemnités ne se fit pas seulement sur le pétrole commercialisé, mais aussi sur toutes les activités de la société (extraction, transport, raffinage, distribution). Les grandes compagnies durent s'engager à employer, dans toute la mesure du possible, une main-d'œuvre indigène, sauf pour les techniciens, et encore exigeait-on que ceux-ci soient progressivement formés dans le pays. La capacité de raffinage devait être développée sur place et une quantité fixée de produits raffinés mise à la disposition de l'Etat producteur. Les concessions accordées étaient limitées à une période relativement courte (30 ou 40 ans pour l'exploitation après la découverte; 2 à 5 ans seulement pour les prospections). Enfin, même le transport du pétrole par de futures flottes commerciales nationales était prévu. Les anciens contrats étaient révisés petit à petit en fonction de normes analogues.

Le raffinage local reste toujours limité à environ 150 millions de tonnes (4,25 p. 100 du total mondial), dont la majeure partie en Iran (Abadan), en Arabie Saoudite (Ras Tanoura), dans les îles Bahrein, au Koweit (Mina-al-Ahmadi), en Egypte et en Irak. Les autres producteurs ou pays de transit ne sont encore que peu équipés. Néanmoins, on constate une augmentation du nombre des raffineries, sinon de l'utilisation de la capacité des installations déjà en place.

Pour le transport du pétrole depuis le lieu d'extraction jusqu'au lieu de raffinage ou d'exportation, l'oléoduc joue un rôle de premier plan. Mais le rôle le plus considérable dans les transports extérieurs revient aux pétroliers. L'accroissement perpétuel des tonnages crée des difficultés pour l'embarquement des produits, et plusieurs pays se sont déjà préoccupés de développer leurs installations portuaires. D'autre part, les pays du Proche-Orient eux-mêmes envisagent de construire leurs propres transporteurs.

Le pétrole joue, dans l'ensemble du Proche-Orient, un rôle de premier plan, financier aussi bien que social et politique. Si les grandes compagnies ont cessé leurs activités de monopole tout-puissant, elles n'en restent pas moins capables d'exercer des pressions considérables sur les Etats qui abritent leurs activités et, quand on connaît leur affiliation avec le capitalisme international, leurs attaches avec certains groupements politiques, notamment aux Etats-Unis, on est bien forcé de conclure qu'elles ne sauraient être neutres, d'autant plus que l'opposition majeure qui se dessine au Proche-Orient, entre pays socialistes et pays capitalistes, fait peser une lourde menace sur leurs positions. Mais l'activité technique a d'autres conséquences: elle recrute des ouvriers et crée un prolétariat industriel et urbain; elle verse de hauts salaires et engendre la désaffection pour les activités traditionnelles; elle forme des techniciens et aide donc à l'évolution générale de l'élite locale. Pour toutes ces raisons, elle participe à l'évolution d'ensemble du pays. Les capitales du pétrole sont des îlots de vie moderne, de hauts salaires, dans des territoires souvent désertiques, hier encore en plein Moyen Age. On imagine quelles conséquences cela peut avoir sur la politique intérieure des Etats en cause, surtout avec le développement des communications et des moyens d'information.

Les puits de pétrole des pays arabes bordant le golfe Persique sont très bien situés, peu éloignés de la mer, accessibles en tout temps sous un climat chaud et sec. Ces zones pétrolifères sont connues et possèdent la plus haute productivité du monde. Par exemple, les puits y produisent à une cadence de 50 à 100 fois supérieure à la moyenne canadienne. Vu leur rendement, on peut forer moins de puits. Ce facteur, entre autres, explique les faibles immobilisations nécessaires par barils-jour de production, soit $1 000 environ en 1978. Le pétrole canadien coûte plus cher à produire. Dans les champs des provinces de l'Ouest, il faut investir de $3 500 à $4 000 pour produire un baril par jour de plus. Comme tout nouveau pétrole de cette dernière région provient nécessairement de petits champs très épars, chaque baril supplémentaire par jour demande de $8 000 à $10 000 d'immobilisations. Pour donner l'équivalent d'un baril par jour, l'énergie du charbon gazéifié demande de $14 000 à $16 000. Pour l'énergie hydraulique ou nucléaire, sur la même base, les immobilisations se situent entre $18 000 et $33 000. Dans les champs actuellement en production, les frais augmentent. Si la pression y décline et que la production d'eau avec le pétrole augmente, on doit trouver des moyens d'accentuer cette pression et d'éliminer cette eau en lieu sûr. Ainsi tourne la roue: les coûts plus élevés et les risques plus grands exigent en pareil cas des revenus proportionnellement plus considérables pour qu'on puisse découvrir, puis mettre en valeur et en production, les nouvelles sources de pétrole. La conclusion est manifeste: l'ère de l'énergie à prix modique est révolue, les Arabes contrôlent les champs pétrolifères qui exigent les plus faibles immobilisations, les Arabes contrôlent les champs pétrolifères qui possèdent la plus haute productivité, les Arabes contrôlent les champs pétrolifères qui rapportent les profits les plus considérables.

Au point de vue financier

Peu d'événements économiques ont eu des répercussions aussi étendues que celle de l'augmentation du prix du pétrole brut, qui a presque quadruplé entre octobre 1973 et janvier 1974, soit en l'espace de trois mois. Cette hausse soudaine s'est produite à la suite d'une longue période durant laquelle le prix du pétrole du Proche-Orient n'avait presque pas bougé, alors que la plupart des autres prix augmentaient considérablement. Jusqu'en 1970, il y avait du pétrole brut en abondance. Toutefois, en l'absence de nouvelles grandes découvertes de pétrole ces dernières années, une très forte demande des pays les plus industrialisés pour cette source d'énergie relativement bon marché, et le fait que les Etats-Unis ont dû commencer à importer du pétrole, ont accru la dépendance du reste du monde vis-à-vis des pays arabes et ont ouvert la voie à des augmentations de prix spectaculaires.

Plus le prix du pétrole sera élevé, plus l'on encouragera

les travaux de recherche et de développement en vue de l'utilisation d'autres sources d'énergie et plus l'on se rapprochera du jour où de telles ressources seront utilisées. Par conséquent, du point de vue des pays exportateurs de pétrole, le prix optimal est celui auquel le niveau des travaux de recherche et de développement entrepris conduira à la percée technologique voulue exactement au moment de l'histoire où leurs réserves de pétrole seront épuisées.

Production pétrolière mondiale en 1977

Principaux pays producteurs	Millions de barils*[1]
Arabie Saoudite	3 360
Iran	2 080
Koweit	720
Irak	830
Union des Emirats arabes	720
Qatar	160
Libye	760
Algérie	400
Oman	120
Autres pays arabes	200
Nigéria	760
Venezuela	800
Indonésie	600
URSS	4 000
Etats-Unis	3 600
Canada	500
Autres pays du monde	3 000
Total	22 610

*1 baril = 42 gallons U.S.
 1 tonne métrique = 6,6 à 8,0 barils selon la densité
1. Chiffres tirés du mensuel *Petroleum Economist*.

Toutefois, c'est ici que les intérêts des pays exportateurs de pétrole deviennent très divergents. A une extrémité se trouvent les pays de la péninsule arabique qui disposent de grandes réserves de pétrole et qui ont intérêt à fixer un prix suffisamment bas pour que le reste du monde entreprenne assez lentement des travaux intensifs de développement d'autres sources d'énergie. A l'autre se trouvent les pays qui disposent

Estimation des réserves de pétrole des principaux pays producteurs (1977)		
	Milliards de barils[2]	*Pourcentage du total mondial*
Algérie	8	2
Arabie Saoudite	175	35
Iran	64	13
Irak	38	7
Koweit	43	9
Libye	22	4
Total	350	70

2. Chiffres tirés de *Images économiques du monde* (1974).

de réserves beaucoup plus faibles et qui estimeront sans doute avoir intérêt à demander un prix beaucoup plus élevé, un prix qui encouragerait une percée technologique dans un nombre d'années relativement faible, au moment où leurs réserves seraient épuisées.

Cependant, peu de nations seraient disposées à affronter les conséquences politiques ou l'animosité internationale qui résulteraient certainement de prix du pétrole fixés en fonction du maximum que l'on peut demander sur le marché. De plus, il semble que les Etats désertiques, et en particulier l'Arabie Saoudite, auraient intérêt à fixer le prix du pétrole à un niveau suffisamment bas pour pouvoir continuer de vendre ce produit pendant une cinquantaine d'années encore. C'est peut-

Nombre d'années nécessaires pour épuiser les réserves de pétrole actuellement prouvées, en admettant une production constante aux niveaux de 1977		
	Nombre d'années	*Epuisement prévu en*
Algérie	21	1998
Arabie Saoudite	52	2029
Iran	31	2008
Irak	46	2023
Koweit	60	2037
Libye	30	2007
Moyenne	40	2017

être la raison pour laquelle ce pays, le plus puissant de ceux qui ont de grandes réserves, semble vouloir faire baisser le prix du pétrole, alors que d'autres pays qui ont de faibles réserves souhaiteraient augmenter encore les prix dans un avenir prochain. C'est cette divergence d'intérêts qui pourrait amoindrir fortement la cohésion du cartel arabe. En mettant les choses au mieux, les prix augmenteront lentement. Le résultat le plus probable est qu'ils augmenteront au rythme de l'inflation.

Dans l'hypothèse où tous les nouveaux besoins en énergie des pays importateurs seraient désormais satisfaits par d'autres moyens que du pétrole importé, et que les importations de pétrole brut dans le monde ces prochaines années resteraient à leur niveau de 1977, les revenus des gouvernements des pays arabes exportateurs de pétrole atteindraient $80 à $120 milliards en 1977, une augmentation spectaculaire par rapport au chiffre de $17 milliards en 1973. A défaut d'une autre augmentation massive du prix du pétrole brut, ces revenus augmenteraient quand même après 1977 en valeur réelle. Toute augmentation serait principalement le résultat d'un accroissement des revenus provenant d'investissements. De toute évidence, l'énorme accroissement du revenu total entraînera des modifications d'ordre social, politique et économique dans beaucoup de ces pays. Les gouvernements décideront peut-être de développer l'infrastructure industrielle en important d'énormes quantités de biens d'investissement, jetant ainsi les bases d'un ordre urbain et industriel capable de survivre à la disparition des réserves de pétrole.

Ainsi, il est probable que les pays arabes exportateurs de pétrole élargiront leurs plans de développement économique à long terme au cours des prochaines années, et cela augmentera considérablement les possibilités d'exportation, particulièrement en ce qui concerne les biens d'investissement.

Si ce scénario se déroule comme prévu, les importations de biens et de services de la part des pays arabes exportateurs de pétrole, en tant que groupe, rattraperont en partie les revenus provenant du pétrole, et le surplus dont ils disposeront, après avoir payé les importations, s'amenuisera dans la même mesure, selon les hypothèses retenues au sujet de l'évolution future des prix.

Ce qui présente un grand intérêt, c'est la façon dont les pays exportateurs de pétrole vont investir les surplus considérables dont ils disposeront. A l'heure actuelle, il semble qu'ils aient une préférence pour les liquidités. Toutefois, lorsqu'ils auront eu le temps d'évaluer les diverses autres possibilités, il est probable qu'ils feront de plus en plus des investissements à long terme.

Dans cette hypothèse, leurs liquidités étaient de l'ordre de $60 milliards en 1974. D'ici quelques années, les créances externes accumulées des pays arabes exportateurs de pétrole pourraient atteindre des montants beaucoup plus importants suivant les hypothèses retenues quant au futur prix du pétrole et au volume des exportations. Le Koweit, un minuscule Etat de 1 000 000 d'habitants, aura bientôt des avoirs à l'étranger de l'ordre de 30 milliards de dollars, soit 30 mille dollars par habitant, comparé à 1 800 dollars par habitant pour les Etats-Unis en 1977.

Revenus des pays arabes producteurs de pétrole en millions de dollars

	1973	1974	1977
Algérie	$ 940	$ 3 630	$ 5 200
Libye	$2 400	$ 7 480	$ 9 800
Iran	$4 290	$15 000	$ 26 000
Irak	$ 460	$ 1 580	$ 10 700
Koweit	$2 610	$ 9 250	$ 9 100
Arabie Saoudite	$4 860	$17 600	$ 43 500
Autres pays arabes du golfe Persique	$1 770	$ 6 830	$ 13 000
Total	$17 330	$61 370	$117 300

L'augmentation du prix du pétrole aura des effets considérables sur les pays importateurs à travers le monde. Les pays développés devaient payer au moins $50 milliards de plus en 1975 pour le pétrole brut et les autres dérivés du pétrole qu'ils importaient. On estime que les fortes incidences inflationnistes de cette augmentation font monter les prix d'environ 5 p. 100 par année dans certains pays, sans tenir compte des autres pressions à la hausse que provoquent certainement les prix plus élevés du pétrole et qui se font progressivement sentir à travers l'économie.

La nécessité de payer des prix plus élevés pour le pétrole ralentit l'amélioration du niveau de vie dans les pays importateurs et a tendance à contracter leur économie. En l'absence d'influences expansionnistes compensatoires, on estime que le produit national brut diminue de 2 à 5 p. 100 par année.

Bien entendu, les pays industrialisés possèdent les moyens technologiques nécessaires pour lancer un programme d'investissement en vue de développer d'autres sources d'énergie, ce qui devrait amortir l'effet de contraction de l'économie. Néanmoins, il faudrait peut-être des encouragements monétaires et fiscaux, si l'on veut éviter une forte récession ou un ralentissement de l'économie.

Dans de nombreux pays importateurs de pétrole, l'augmentation de la facture de pétrole est financée par des emprunts massifs sur le marché des eurodevises, par une réduction de l'excédent de dollars (c'est-à-dire des montants indésirables de dollars américains figurant dans les réserves monétaires d'un pays) et, peut-être, par des ventes d'or détenu dans les réserves. Pour financer leurs importations, les principaux pays importateurs vont sans doute accumuler d'énormes dettes et d'importantes parties de leur patrimoine passeront probablement sous le contrôle ou entre les mains des pays exportateurs de pétrole. Le revenu des investissements des pays arabes exportateurs de pétrole pourrait atteindre plusieurs dizaines de milliards de dollars par an.

Un tel état des choses pourrait déclencher une réaction très humaine et pousser les pays à adopter une politique de « tant pis pour le voisin », avec des dévaluations intempestives, des subventions à l'exportation, des contrôles à l'importation et des restrictions sur les sorties de capital. Toutefois, il est généralement admis aujourd'hui que de telles pratiques ne servent à rien, car elles sont habituellement suivies de mesures de rétorsion de la part des partenaires commerciaux et, par conséquent, il est assez peu probable qu'elles soient largement adoptées.

Certains pays sont en train de résoudre le problème de financement par la conclusion d'accords d'échanges bilatéraux avec les pays exportateurs de pétrole. Par de tels accords, les pays importateurs de pétrole seraient amenés à fournir une large part des nouvelles importations des pays arabes exportateurs de pétrole et obtiendraient leurs propres approvisionnements de pétrole à un prix négocié. Le plus remarquable de ces accords est celui conclu entre la France et l'Arabie Saoudite, prévoyant la vente d'armes contre du pétrole.

Sans vouloir réduire l'importance du choc subi par les pays développés, l'ampleur et l'élasticité de leur économie les protègent contre certains effets plus graves de l'augmentation du prix du pétrole, tels que ceux qui confrontent de nombreux pays moins développés. Bien entendu, certains pays du Tiers monde pourront s'accommoder assez facilement de l'augmentation du prix du pétrole. Ce sont ceux qui disposent d'une assez grande quantité de denrées exportables qui ont elles-mêmes subi d'importantes hausses depuis quelques années. Pour ces pays, l'accroissement des recettes provenant de leurs exportations peut compenser l'augmentation des factures de pétrole.

Cependant, de nombreux pays moins développés, qui n'exportent pas de grandes quantités de denrées ayant bénéficié de la récente explosion des prix, seront assez durement atteints. Leurs problèmes ont encore été accrus par une forte augmentation du prix des engrais. De plus, la plupart de ces pays recevaient une aide économique des pays développés. Etant donné que ceux-ci vont connaître une importante détérioration de leur balance des paiements, il est peu probable qu'ils puissent augmenter leur aide économique. Les pays arabes vont sans doute augmenter leurs programmes d'aide à l'étranger, mais certains pays vont très probablement se trouver dans une situation très critique.

En résumé, l'augmentation du prix du pétrole importé crée d'immenses problèmes, nécessitant d'énormes ajustements dans de nombreux pays et, à travers le monde, de profonds changements dans la manière de consommer l'énergie. Dans les pays exportateurs de pétrole, les effets sur le plan social et économique de cette nouvelle richesse dépassent l'imagination même si, comme il est probable, le prix du pétrole, dorénavant, augmentait seulement au même rythme que celui de l'inflation.

On ne peut plus se passer des Arabes

Les peuples comme les civilisations ont souvent agi ou réagi en fonction des autres peuples ou des autres civilisations, protégeant leurs valeurs envers et contre tous, parce qu'ils considéraient « les autres » comme des ennemis menaçant les assises mêmes de leur système. Cette façon de voir est restée fortement ancrée un peu partout dans le monde, si bien que chaque contact est d'abord vu sous la forme d'un conflit avant même de considérer les possibilités d'intégration. La fusion n'est peut-être pas totalement souhaitable parce que « les autres » aussi possèdent des valeurs inestimables que l'humanité perdrait si on fondait le tout dans un vaste *melting pot* mondial. Rien n'empêche que la perception qu'on a de l'autre conditionne les faits et gestes à accomplir.

Qu'on regarde les faits en face. Les Arabes ne sont ni pires ni meilleurs que les autres peuples. De plus, la religion musulmane n'est pas une religion qui abrutit ses adeptes, au contraire. La civilisation véhiculée par le Coran comporte elle aussi ses valeurs universelles, son humanisme de bon aloi, ses préceptes de justice, d'amour et de charité. L'humanité doit conjuguer tous ses efforts vers une éthique mondiale où l'islam aura son mot à dire.

Sur un plan beaucoup plus matérialiste, on ne peut pas non plus se passer des Arabes. Qu'on réfléchisse quelque temps sur leur situation stratégique et on s'apercevra qu'ils commandent toujours le canal de Suez et que celui-ci doit rester ouvert pour permettre à l'économie mondiale d'alléger son fardeau. Les Arabes et leurs sympathisants occupent 15 p. 100 des terres émergées et leur connaissance du désert constitue un atout majeur à l'expansion des terres cultivées du globe. Ils forment 8 p. 100 de la population du monde et leur croissance démographique dépasse celle de la plupart des pays industrialisés actuels.

Les Arabes contrôlent les réserves pétrolières les plus riches du monde, et si le monde veut s'abreuver régulièrement à cette source, tarissable certes, mais encore disponible pour des années, il doit composer avec les Arabes. D'ailleurs, l'absence d'équilibre entre les pays industrialisés capitalistes et les Arabes conduirait rapidement au chaos économique mondial. Toute interruption prolongée de livraison de pétrole venant des pays arabes risque de causer un tort énorme aux économies libérales et de précipiter vers la ruine quelques pays plus vulnérables que d'autres. Le monde moderne est parvenu à un point de non-retour dans la course au machinisme et ce machinisme n'a pas encore appris à se passer du pétrole.

Si jamais la source de pétrole arabe se tarissait ou si le machinisme apprenait à se passer de pétrole, on ne pourrait pas encore se passer des Arabes pour se développer. Les Arabes possèdent en effet des milliards de dollars à réinvestir et ils en posséderont encore plus dans un avenir rapproché.

Alors que la plupart des économies des pays industrialisés connaissent une croissance plutôt lente et exposent les peuples à toutes sortes de troubles sociaux, le réinvestissement des pétrodollars arabes dans leur économie ne peut être que bénéfique à la fois pour les Arabes et pour les peuples qui les accueilleront.

Une reprise économique vigoureuse stimulera à la fois le commerce et le réinvestissement. Une nouvelle ère de prospérité se dessinera, si on a le courage d'accepter les Arabes tels qu'ils sont, d'aller au-devant d'eux, de s'associer à eux. La civilisation occidentale pourra alors se sortir d'une certaine obscurité grâce à l'éclairage culturel et matériel des Arabes.

Enfin, en 1975, l'arabe est devenu langue de travail dans une conférence mondiale des Nations unies. A la séance plénière d'ouverture de la Conférence sur le droit de la mer, les délégués ont approuvé à l'unanimité une recommandation des quarante-huit membres de la commission générale de la conférence tendant à faire de l'arabe la sixième langue de travail de la conférence, aux côtés du chinois, de l'anglais, du français, du russe et de l'espagnol.

II

Les Etats-Unis arabes

Ceux que l'on nomme Arabes seraient normalement les habitants de l'Arabie Saoudite mais, dans l'esprit de la plupart des gens, les Arabes signifient une réalité qui s'étend bien au-delà de la péninsule arabique. Les citoyens de civilisation arabe ne se regroupent pas en un seul pays, et ces pays ne sont pas tous producteurs de pétrole. Il reste que la plupart des pays arabisés se situent, soit en Afrique du Nord, soit au Proche-Orient proprement dit. Ils forment un énorme croissant entre l'Europe d'un côté, et l'Afrique ou l'Asie de l'autre. Quels sont-ils?

AFGHANISTAN
Superficie: 650 000 km²
Population: 20 000 000
L'Afghanistan est un pays montagneux situé à 1 200 m au-dessus du niveau de la mer juste au sud de l'URSS. Ce pays au climat plutôt sec commande le fameux col de Khyber que les commerçants et les caravanes ont emprunté depuis des siècles. Pays agricole, il possède également de nombreuses richesses naturelles encore peu exploitées, parmi lesquelles on retrouve un peu de pétrole et de gaz naturel. L'industrialisation ne fait que débuter.

ALGERIE (membre de l'OPEP)
Superficie: 2 380 000 km²
Population: 17 300 000

L'Algérie est une république indépendante, située en Afrique du Nord, entre la Tunisie et le Maroc. La plus grande partie de ce territoire est occupée par le désert du Sahara, alors que la zone fertile s'étend plutôt en bordure de la Méditerranée. Indépendant depuis 1962, ce pays a continué à recevoir de l'aide de la part de pays étrangers. L'Algérie exporte surtout du minerai de zinc et de fer, des phosphates, du gaz naturel liquéfié et du pétrole. Il produit environ 50 000 000 de tonnes métriques de pétrole annuellement, qu'il expédie en grande partie en France. D'ailleurs, on met l'accent sur les ressources pétrolières et gazières pour subventionner de vastes projets de développement économico-social sur place. En 1967-1968, plusieurs sociétés de distribution d'huile furent nationalisées et, en 1970-71, on nationalisa les compagnies étrangères productrices. On compte beaucoup sur le raffinage du pétrole et sur la liquéfaction du gaz pour industrialiser le pays, ce qui n'est rendu possible qu'avec une entrée constante de pétro-dollars et l'assistance de pays techniquement plus avancés.

ARABIE SAOUDITE (membre de l'OPEP)
Superficie: 2 260 000 km²
Population: 9 250 000

L'Arabie Saoudite occupe les quatre cinquièmes de la superficie de la péninsule arabique s'étendant de la mer Rouge au golfe Persique. Ce pays est couvert de hautes montagnes à l'ouest, mais le relief perd de son importance au fur et à mesure qu'on se rapproche du golfe Persique à l'est. La plus grande partie du pays est désertique. La Mecque est le centre religieux par excellence de l'islam. L'Arabie Saoudite possède les réserves de pétrole les plus importantes au monde, en plus d'être un très grand producteur de pétrole (425 000 000 de tonnes par année). Plusieurs centres de production s'échelonnent sur la côte du golfe Persique. Ras Tanoura est le principal centre de raffinage; cette ville dispose également de facilités portuaires. En plus, un oléoduc achemine le pétrole d'Abquaiq à Sidon, au Liban, sur la côte méditerranéenne. La plus grande partie du pétrole exporté est acheminée vers l'Europe. Les revenus s'élèvent à plusieurs milliards de dollars ($43 milliards en 1977) faisant de ce pays un des plus riches au

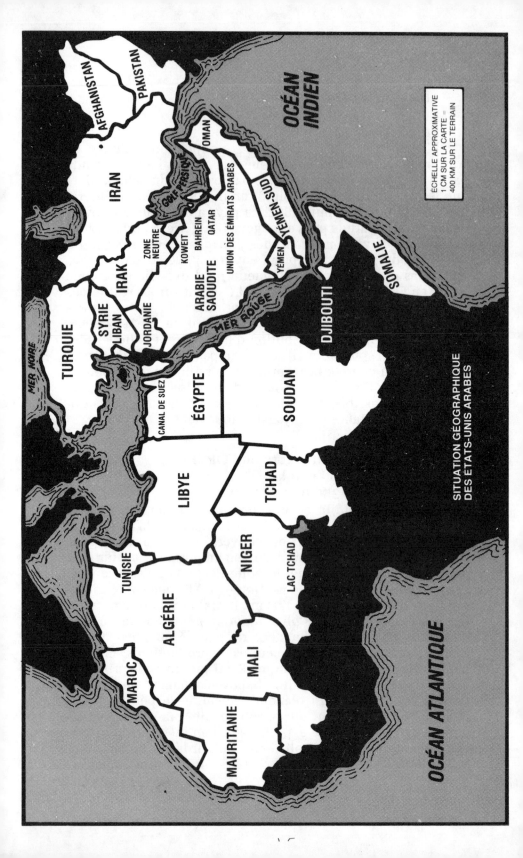

ÉCHELLE APPROXIMATIVE
1 CM SUR LA CARTE =
400 KM SUR LE TERRAIN

SITUATION GÉOGRAPHIQUE
DES ÉTATS-UNIS ARABES

OCÉAN INDIEN

OCÉAN ATLANTIQUE

MER NOIRE

TURQUIE

AFGHANISTAN

PAKISTAN

IRAN

IRAK

SYRIE

LIBAN

JORDANIE

ZONE NEUTRE

KOWEIT

BAHREIN

QATAR

OMAN

GOLF PERSIQUE

UNION DES ÉMIRATS ARABES

ARABIE SAOUDITE

YÉMEN

YÉMEN-SUD

MER ROUGE

DJIBOUTI

SOMALIE

ÉGYPTE

SOUDAN

CANAL DE SUEZ

LIBYE

TCHAD

TUNISIE

NIGER

LAC TCHAD

ALGÉRIE

MALI

MAROC

MAURITANIE

monde. Une partie de ces revenus a servi à exproprier 25 p. 100 des actions de l'Aramco en 1973 et 60 p. 100 en 1974. Depuis 1975, l'Arabie Saoudite contrôle toute l'industrie pétrolière et tous les avoirs pétroliers des étrangers. Les royautés ont servi aussi au bien-être des citoyens. Il reste que l'Arabie Saoudite se dote d'une infrastructure moderne, favorise une industrialisation rapide et dispose d'autres ressources, comme l'or, l'argent et le minerai de fer. Une sidérurgie et une fabrique d'engrais ont été construites pour supporter l'industrialisation naissante et consolider l'agriculture et l'élevage. A cause de ses nombreux atouts, l'Arabie Saoudite rayonne bien au-delà de ses frontières et son influence est prépondérante en politique étrangère.

BAHREIN
Superficie: 600 km²
Population: 260 000
Bahrein comprend une île principale (Bahrein) et plusieurs îlots situés à 32 km environ de la péninsule arabique dans le golfe Persique. Longtemps un protectorat britannique, Bahrein devint indépendant en 1971. Cet archipel vivait surtout de la pêche aux perles et aux crevettes jusqu'en 1932, année où l'on découvrit du pétrole, mais, au début des années 1970 (production de 3 500 000 tonnes par année), les réserves pétrolières commencèrent à donner des signes d'épuisement. Une contribution majeure fut apportée à l'économie du pays par la construction d'une importante raffinerie utilisant du pétrole pompé d'Arabie Saoudite et du pétrole local. On ajouta même une aluminerie, profitant du gaz naturel disponible sur place, et on accentua les facilités de transbordement de l'île.

DJIBOUTI
Superficie: 22 000 km²
Population: 220 000
Djibouti n'est qu'une enclave désertique sur la côte de la mer Rouge, entre l'Ethiopie et la Somalie. Il ne produit pas de pétrole. Il est important surtout à cause du port de la capitale qui est le terminus du chemin de fer Djibouti-Addis-Abeba, lequel transporte 60 p. 100 des exportations éthio-

piennes. Ce territoire, peuplé d'Afars et d'Issas, était une colonie française avant de devenir indépendant en 1977.

EGYPTE

Superficie: 1 000 000 km²
Population: 38 000 000

Ce pays charnière entre l'Afrique et l'Asie occupe une position exceptionnelle entre la mer Rouge et la Méditerranée. On a souvent dit que l'Egypte était un don du Nil, ce fleuve qui fertilise sa vallée lui fournissant depuis des siècles céréales, fruits et légumes en abondance. Il reste que les principales exportations de l'Egypte sont le coton à fibre longue de très bonne qualité, le riz et quelques produits usinés comme des textiles, des pneus, des réfrigérateurs, du ciment, des instruments électriques et des films. Le pétrole prend pourtant de plus en plus d'importance avec une production annuelle de 15 à 20 millions de tonnes métriques, provenant surtout des puits situés en mer Rouge et dans le désert occidental (Western Desert). On dispose également de phosphates, de sel, de fer, de manganèse, d'or, de gypse, de kaolin et de titanium. Au prix de 1 milliard de dollars et grâce à l'assistance technique de l'URSS, on construisit de 1960 à 1971 l'immense barrage d'Assouan qui doit irriguer près de 500 000 hectares de terre et fournir 10 milliards de kilowatts-heures.

L'importance de l'Egypte ne vient pas de son pétrole, mais de sa position de contrôle sur le canal de Suez. Ce canal de 165 km de longueur lie la mer Rouge à la Méditerranée. Commencé en 1859 et terminé en 1869 par une corporation française sous la direction de Ferdinand de Lesseps, il tomba sous le contrôle du Royaume-Uni lorsque celui-ci acheta, en 1875, 176 752 actions pour un coût total d'environ $20 000-000. En 1956, le canal fut nationalisé et un règlement final intervint entre l'Egypte et la Universal Suez Canal Co. en 1958, au prix de $64 400 000. Le paiement final fut effectué en 1963. Après sa nationalisation, le canal de Suez fut surcreusé pour augmenter sa capacité et on envisage, depuis sa réouverture (1974-1975), de le doubler d'un énorme oléoduc pour que des superpétroliers venant du golfe Persique puissent décharger leur précieuse cargaison à Suez et que d'autres superpétroliers prennent la relève à Port Saïd.

IRAK (membre de l'OPEP)
Superficie: 435 000 km²
Population: 11 500 000

L'Irak comprend surtout une plaine alluviale s'étendant au-delà du Tigre et de l'Euphrate et débouchant sur le golfe Persique. Traditionnellement, les habitants de l'Irak ont vécu d'une agriculture de subsistance produisant surtout du blé, du riz, des dattes et du millet. Parmi les principales exportations, on comptait du coton, des peaux de mouton et de la laine. Aujourd'hui, l'Irak est devenu un grand producteur de pétrole (110 000 000 de tonnes par année) et celui-ci pourvoit à 70 p. 100 des revenus du pays. Les champs pétrolifères de Bassorah et de Kirkuk étaient exploités par des compagnies européennes et américaines jusqu'en 1972-1973, années où elles ont été nationalisées. L'Irak est peu développé industriellement et connaît une certaine instabilité politique. D'ailleurs, on assiste souvent à des conflits frontaliers, aussi bien entre l'Iran et l'Irak qu'entre le Koweit et l'Irak.

IRAN (membre de l'OPEP)
Superficie: 1 650 000 km²
Population: 34 000 000

Couvrant la majeure partie de la côte orientale du golfe Persique, l'Iran est un pays accidenté et désertique où les plateaux dominent. Quoiqu'il s'y trouve de nombreuses oasis, les déserts salins occupent environ 25 p. 100 du territoire. Bien que l'Iran dispose de vastes ressources agricoles et de nombreux produits du sous-sol, il est d'abord et avant tout un grand producteur de pétrole (300 000 000 de tonnes métriques par année) et un très grand exportateur du même produit (le deuxième au monde). Grâce aux revenus du pétrole, l'Iran prend un vigoureux départ au point de vue industriel. Par exemple, il a acheté cinq réacteurs nucléaires de la France en 1974, il a investi dans les entreprises Krupp en Allemagne de l'Ouest et consenti un prêt de $1,2 milliard au Royaume-Uni. Grâce à l'assistance technique étrangère que l'Iran a dédommagée en gaz naturel, on a construit une sidérurgie près d'Ispahan. L'Iran a aussi signé des contrats avec la France pour le développement de la pétrochimie. On y rencontre des usines de ciment, de véhicules-moteurs et des raffineries de sucre. En plus de sa position de force au point de vue pétrolier et financier, l'Iran s'est imposé par sa puissance militaire, sauvegardant les intérêts pétroliers des pays du golfe Persique et jouant en quelque sorte le rôle de policier dans cette partie du monde. En 1978, plusieurs villes furent le théâtre de manifestations hostiles à la politique du shah.

JORDANIE
Superficie: 96 000 km²
Population: 2 500 000

La Jordanie est plutôt désertique; elle est située à l'est d'Israël et son seul débouché sur la mer est le port d'Aqaba sur le golfe d'Aqaba. Dans ses 12 p. 100 de sols fertiles, ce pays produit fruits et légumes alors que quelques industries transforment les produits dérivés de son agriculture. La potasse de la mer Morte et les phosphates constituent les seules ressources du sous-sol. Les phosphates forment 30 p. 100 de la valeur totale des exportations. La Jordanie n'a pas encore trouvé de pétrole sur son territoire et est considérée comme étant plus pauvre et moins industrialisée que son voisin, Israël, contre lequel elle a combattu plusieurs fois. Elle hébergea même des guérilleros palestiniens qui effectuaient souvent des attaques de harcèlement en Israël jusqu'au jour où un conflit majeur éclata (1970-1971) entre l'armée jordanienne et les Palestiniens. Ceux-ci furent finalement dispersés et trouvèrent refuge dans des pays voisins comme la Syrie et le Liban.

KOWEIT (membre de l'OPEP)
Superficie: 20 000 km²
Population: 1 000 000

Le Koweit est une mince enclave désertique située dans le fond du golfe Persique. Anciennement sous la protection du Royaume-Uni, le Koweit recouvrit son indépendance en 1961. On y découvrit du pétrole en abondance en 1938 et, en 1946, on commença à en exporter. Ce petit pays est un des grands producteurs mondiaux de pétrole (110 000 000 de tonnes par année) et on estime ses réserves à plus de 43 milliards de tonnes, soit environ 9 p. 100 du total mondial. Le Koweit partage aussi, à parts égales, avec l'Arabie Saoudite, les revenus du pétrole extrait de la zone neutre située à l'ouest. Il distribue déjà sa richesse parmi ses habitants, fournissant gratuitement les soins médicaux, l'éducation et la sécurité sociale à tous. Il n'y a pas de taxe dans ce pays, et on y a voté un fonds de $600 millions pour venir en aide aux autres nations arabes. Les compagnies étrangères exploitant le pétrole ont été nationalisées en 1974-1975. Le Koweit dispose également d'un bon système bancaire.

LIBAN
Superficie: 10 000 km²
Population: 3 200 000

Le Liban occupe une bande de terre d'environ 200 km de longueur par 60 km de largeur le long de la Méditerranée, depuis la frontière israélienne au sud jusqu'à celle de la Syrie au nord. Cette mince bande de terre comprend tout de même deux petites chaînes de collines entre lesquelles s'étirent des vallées fertiles. Même si l'agriculture emploie encore la moitié de la main-d'œuvre, l'industrialisation progresse rapidement. Le Liban ne produit pas de pétrole; il tire plutôt les deux tiers de ses revenus du commerce. Tripoli et Sidon sont les termini d'oléoducs venant d'Irak et d'Arabie Saoudite. Beyrouth reste le centre intellectuel et financier par excellence, à cause surtout de son importante édition arabe et de ses lois sur le secret bancaire. Le capital étranger originaire des autres pays arabes a depuis longtemps fait la fortune de l'économie bancaire libanaise. Depuis 1975, la guerre civile et les interventions étrangères ont sérieusement compromis les principales activités économiques du Liban.

LIBYE (membre de l'OPEP)
Superficie: 1 760 000 km²
Population: 2 400 000

A part de belles oasis et quelques bandes de terres fertiles, la Libye est un immense désert peu peuplé. Cependant, on y a découvert du pétrole en abondance en 1957, ce qui a apporté la prospérité et amélioré grandement le niveau de vie. En 1977, par exemple, les revenus perçus des taxes sur les compagnies pétrolières totalisaient environ $9 milliards. C'est que la Libye est un grand pays producteur de pétrole (100 millions de tonnes par année). En 1973, l'Etat libyen expropria 51 p. 100 des avoirs pétroliers américains installés sur place et, en 1974, il prit le contrôle complet des compagnies étrangères exploitant le pétrole. De 1960 à 1970, on favorisa l'éducation et on bâtit plusieurs maisons, hôpitaux, routes et centrales électriques. L'éducation et les services de santé sont gratuits, mais l'industrialisation n'en est qu'à ses débuts.

MALI

Superficie: 1 200 000 km²
Population: 5 800 000
Indépendant depuis 1960, le Mali faisait antérieurement partie des territoires français d'outre-mer en Afrique occidentale. Ce pays est avant tout une vaste plaine où coule le Niger; il s'étend aussi jusqu'au Sahara au nord. Une économie traditionnelle basée sur l'agriculture et l'élevage occupe la majorité de la population active. Le Mali est peu industrialisé et ne produit pas de pétrole. La famine y a sévi au cours des années 1973 et 1974.

MAROC

Superficie: 445 000 km²
Population: 17 800 000
Le Maroc est situé à la pointe ouest de l'Afrique du Nord, face au détroit de Gibraltar; ses côtes baignent dans la Méditerranée et l'Atlantique. Si le Maroc comprend plusieurs chaînes de montagnes comme le Rif, le Moyen-Atlas, le Haut-Atlas et l'Anti-Atlas, peu fertiles, il met en valeur de riches plaines à l'ouest, des plaines alluviales dans le sud-ouest et des plateaux (*meseta*) au centre. Au sud-est, des zones présahariennes peu peuplées annoncent le désert. Ce pays ne produit que peu de pétrole (100 000 tonnes par année). Son économie est tournée surtout vers l'agriculture, l'élevage et l'exploitation des phosphates. D'ailleurs, ces derniers constituent sa principale exportation. Le Maroc dispose également d'antimoine, de manganèse, de zinc, de plomb et d'anthracite. Le Maroc est situé un peu à l'écart des grands centres arabes mais, comme Gibraltar, il contrôle l'entrée de la Méditerranée. En 1978, on a annoncé une importante découverte de pétrole *off shore*, mais il semble qu'elle soit techniquement impossible à exploiter à cause de la trop grande profondeur de l'eau.

MAURITANIE

Superficie: 1 000 000 km²

Population: 1 250 000

La république islamique de Mauritanie est une ancienne colonie des territoires français d'outre-mer en Afrique occidentale. La population vit d'agriculture et surtout d'élevage. On y a découvert et mis en opération un important gisement de minerai de fer en 1968 et une exploitation de minerai de cuivre en 1971. Très peu industrialisé, ce pays semi-désertique et pauvre ne produit pas de pétrole. Une grave sécheresse a grandement affecté son économie pastorale en 1973 et en 1974. La Mauritanie est un pays indépendant depuis 1960.

NIGER

Superficie: 1 250 000 km²

Population: 4 300 000

Le Niger ne produit pas de pétrole, il est peu industrialisé, et son économie est fondée sur l'agriculture et l'élevage. Ce pays reste pauvre et a gravement souffert de la sécheresse en 1973 et en 1974. Une mine d'uranium a été mise en opération en 1971 dans cette contrée en grande partie désertique. Anciennement une colonie française, le Niger est indépendant depuis 1960.

OMAN

Superficie: 212 000 km²

Population: 800 000

Autrefois appelé Mascate et Oman, le sultanat d'Oman couvre la pointe orientale de la péninsule arabique. Le climat y est généralement chaud et sec. A part une mince bande côtière, de hautes montagnes et un vaste plateau dominent la majeure partie du territoire. Les quelques productions agricoles locales ont été vite éclipsées par le pétrole, découvert en 1967 et produit l'année suivante. Oman dispose d'environ 18 000 000 de tonnes de pétrole par année. Appuyé militairement par l'Iran, ce pays doit faire face, du moins dans sa partie méridionale, à des rebelles qui, eux, sont soutenus par l'Irak et la république populaire démocratique du Yémen.

PAKISTAN

Superficie: 887 000 km²

Population: 72 000 000

Le Pakistan, indépendant depuis 1947, a perdu sa province orientale, devenue le Bangladesh, en 1971. Ce pays faisait anciennement partie de l'empire anglais des Indes et ne voulut pas s'intégrer à l'Union Indienne au moment de l'indépendance, surtout à cause de sa forte majorité islamisée. Le Pakistan est couvert de hautes montagnes et de vallées profondes où coulent les principaux affluents de l'immense fleuve Indus. Un peu comme le Nil, l'Indus a contribué de façon notable à la vie économique de ce pays. Le climat est chaud et sec. Quoique le Pakistan dispose de nombreuses ressources agricoles et minières et d'un début d'industrialisation, il ne produit que très peu de pétrole (450 000 tonnes par année) et ne peut compter sur les revenus du pétrole local pour se développer. Cependant, à cause de ses affinités musulmanes, il a été un bénéficiaire privilégié de l'assistance financière fournie par les pays arabes producteurs de pétrole.

QATAR   (membre de l'OPEP)

Superficie: 20 000 km²

Population: 115 000

Indépendant depuis 1971, le Qatar est un ancien protectorat anglais du golfe Persique. Ce pays n'est qu'une péninsule aride sur la côte orientale de l'Arabie Saoudite. Pourtant, il est un important producteur de pétrole (25 000 000 de tonnes par année). On y a découvert de l'huile en 1949 et, depuis ce temps, les revenus du pétrole ont permis à ce pays de se doter d'une infrastructure moderne, comprenant une usine de dessalement de l'eau de mer. L'élevage se répand également.

REPUBLIQUE ARABE DU YEMEN

Superficie: 195 000 km²

Population: 7 000 000

Le Yémen occupe le sud-ouest de la péninsule arabique donnant sur la mer Rouge. Ce pays montagneux fait exception au point de vue climatique, car le plateau d'El Jebel est plus arrosé que le reste de la péninsule et est, par conséquent, plus fertile. L'agriculture et l'élevage restent encore les principales activités, même si on y a découvert du pétrole en 1972. Au cours des années 60, la République Arabe du Yémen a été le théâtre de guerres civiles qui ne se sont terminées qu'en 1970. Ce pays est indépendant depuis longtemps, mais il est resté à l'écart.

REPUBLIQUE POPULAIRE DEMOCRATIQUE DU YEMEN (YEMEN-SUD)
Superficie: 290 000 km²
Population: 1 600 000
La République Populaire Démocratique du Yémen s'étend le long du golfe d'Aden et contrôle l'entrée de la mer Rouge par le détroit de Bab el-Mandeb. Seulement 1 p. 100 de son territoire est fertile et on n'y a pas encore découvert de pétrole. La principale ressource de ce pays a longtemps été sa position de transit, car son port principal, Aden, constituait une escale de choix. Après la fermeture du canal de Suez en 1967, Aden a perdu beaucoup de son importance, mais entend la reprendre prochainement avec la réouverture du canal. Au point de vue politique, cet ancien protectorat anglais, devenu indépendant en 1967, a connu une vie agitée et son gouvernement de tendance socialiste ne s'entend pas toujours avec ses voisins, notamment Oman et la République Arabe du Yémen.

SOMALIE
Superficie: 637 000 km²
Population: 3 350 000
Ce pays presque exclusivement aride est situé à la pointe orientale de la corne de l'Afrique. Même s'il est traversé par deux rivières importantes, la Webi Shebeli et la Juba, il y a peu de mise en valeur agricole; la population (80 p. 100) vit surtout d'élevage. La Somalie ne produit pas de pétrole, mais on y a découvert de grandes réserves d'uranium et d'autres minéraux rares. Cette ancienne colonie italienne devint indépendante en 1960.

SOUDAN
Superficie: 2 500 000 km²
Population: 17 000 000
Le Soudan est un des pays les plus étendus d'Afrique. Il comprend une région désertique au nord, de nombreuses vallées fertiles au centre et une forêt tropicale au sud. Le Nil Bleu et le Nil Blanc se rencontrent à Khartoum. Le Soudan

ne produit pas de pétrole, mais il dispose de nombreuses ressources agricoles. Ses ressources minières sont peu développées et son industrialisation ne s'étend qu'aux manufactures de produits alimentaires et de textiles. Le Soudan est indépendant depuis 1956.

SYRIE

Superficie: 185 000 km²
Population: 7 000 000

La Syrie s'étend au nord et à l'est du Liban, au sud de la Turquie. Elle comprend quelques vallées fertiles à l'est et au sud, alors que les collines alternent avec les déserts sur le reste du territoire. L'économie est fondée sur l'agriculture et l'élevage; on note cependant un début d'industrialisation. La Syrie produit du pétrole (10 000 000 de tonnes par année) et perçoit des royautés sur le transport du pétrole par oléoducs venant d'Irak ou d'Arabie Saoudite. Voisin d'Israël, ce pays a participé à plusieurs guerres contre son ennemi israélien et a soutenu les guérilleros anti-israéliens.

TCHAD

Superficie: 1 280 000 km²
Population: 4 000 000

Le Tchad englobe plusieurs régions naturelles: une savane arborée au sud, une steppe et un désert au nord. Ce pays, indépendant depuis 1960, était une colonie française peu développée industriellement et l'économie est encore fondée en grande partie sur l'agriculture et l'élevage. La principale exportation est le coton. Le Tchad ne produit pas de pétrole. Une grave sécheresse a affecté ce pays depuis 1969 et a complètement déséquilibré son économie.

TUNISIE

Superficie: 164 000 km²
Population: 6 000 000

La Tunisie fait partie de l'Afrique du Nord; elle est située entre l'Algérie et la Libye. L'agriculture et l'élevage soutiennent son économie, et ce pays fait des efforts d'industrialisation. Les principales exportations comprennent certaines

productions agricoles (huile d'olive, vin, fruits) et portent surtout sur le minerai de fer, le plomb et les phosphates. La
Tunisie produit un peu de pétrole (4 000 000 de tonnes par
année). Au point de vue politique, la Tunisie s'est distinguée
des autres Etats arabes par sa volonté de négocier avec l'Etat
israélien.

TURQUIE
Superficie: 780 000 km²
Population: 40 000 000
La Turquie est une péninsule coincée entre la mer Noire,
la mer Egée et la Méditerranée. En plus de sa longue bordure
maritime, ce pays est constitué de hauts plateaux où règne un
climat chaud et sec en été, froid et neigeux en hiver. Grâce aux
détroits du Bosphore et des Dardanelles, ce pays contrôle
l'entrée de la mer Noire. Il est un grand producteur agricole,
et son sous-sol fournit de l'antimoine, du cuivre, du chrome,
du manganèse, du plomb, du zinc, du charbon, de l'argent, du
mercure, etc. L'industrie légère est en plein essor alors que
l'industrie lourde ne fait que débuter. La Turquie produit peu
de pétrole (3 500 000 tonnes par année). Longtemps confron-
tés aux Grecs, les Turcs entendent défendre les droits de leurs
concitoyens à Chypre.

UNION DES EMIRATS ARABES (membre de l'OPEP)
Superficie: 84 000 km²
Population: 230 000
Comme protectorat anglais, l'Union des Emirats Arabes
était connue sous le nom de « Trucial States »; elle obtint
son indépendance en 1971. Ce pays s'étend le long du golfe
Persique, à l'est de l'Arabie Saoudite. L'Union comprend sept
sheikdoms: Abu Dhabi, Dubai, Sharja, Ajman, Fujaira, Umm
al-Qaiwan et Ras al-Khaima. La plus grande partie du territoire est une vaste plaine littorale désertique, avec seulement
quelques îlots de verdure. Abu Dhabi, Dubai et Sharja sont de
grands producteurs de pétrole, totalisant 90 000 000 de tonnes par année, et la production va en augmentant. On s'attend
à trouver du pétrole dans les autres *sheikdoms*, si ce n'est
déjà fait. En 1974, ce pays a acquis 60 p. 100 des intérêts pétroliers étrangers et entend s'assurer le contrôle complet de sa
principale ressource naturelle.

Globalement, les Etats arabes réunis (les Etats-Unis arabes) forment un ensemble de 28 pays contigus, totalisant 15 p. 100 de la superficie mondiale (Etats-Unis d'Amérique, 7 p. 100), 8 p. 100 de la population mondiale (Etats-Unis d'Amérique, 5,5 p. 100) et produisant environ 50 p. 100 du pétrole mondial (Etats-Unis d'Amérique, 20 p. 100). Chacun de ces 28 pays jouit d'une indépendance politique complète depuis quelques années.

Les Arabes contrôlent l'entrée de la Méditerranée par le détroit de Gibraltar, le canal de Suez, l'entrée de la mer Rouge par le détroit de Bab el-Mandeb, l'entrée du golfe Persique par le détroit d'Ormuz, l'entrée de la mer Noire par les détroits du Bosphore et des Dardanelles, le col de Khyber. Ils ont la maîtrise de tous ces points stratégiques qui sont des points vitaux pour le commerce européen et américain. Parmi ces 28 pays arabes, au moins la moitié produisent du pétrole et sont susceptibles d'en produire encore plus au cours des prochaines années. Ils disposent des réserves pétrolières les plus riches du monde et leur pétrole coûte moins cher à extraire que le pétrole de n'importe quel autre pays. Non seulement disposent-ils de cette richesse naturelle inestimable, mais ils ont exproprié ou nationalisé les compagnies pétrolières étrangères œuvrant sur leur territoire. Ils sont donc non seulement maîtres des détroits et du sous-sol pétrolifère le plus riche du monde, mais aussi de l'empire industriel pouvant mettre en valeur ces richesses. De plus, par leurs réserves monétaires qui se chiffrent à plusieurs dizaines de milliards de dollars, ils sont en mesure d'influencer le marché financier international à leur guise. Comme tous ces atouts influencent et influenceront encore davantage la politique mondiale, les Etats-Unis arabes sont une puissance mondiale et doivent être considérés comme tels; ignorer cette vérité, c'est s'exposer à de graves déboires.

III

La solidarité arabe

La solidarité arabe s'affirme de plus en plus à l'échelle internationale sur les plans de la civilisation, de la politique et de l'économique. On a souvent décrit les pays arabes comme des querelleurs incapables de s'entendre, si bien qu'on allait jusqu'à affirmer qu'ils ne disposaient pas d'interlocuteurs valables avec lesquels il était possible de négocier. Cette époque est révolue. Bien sûr, ils ne s'accordent pas toujours sur des points essentiels, chacun entrevoyant la défense de ses intérêts et la poursuite du bonheur selon son faisceau d'idées et de méthodes propres à une civilisation en mouvement. Mais au-dessus de tous ces heurts, des points communs solides et durables unissent les volontés arabes vers des objectifs similaires. On peut prendre pour acquis les traits fondamentaux qui ne sont pas près de s'estomper.

Au point de vue culturel

La langue arabe, par exemple, est la langue officielle, parlée et écrite, qui se vitalise au fur et à mesure que se développent et se multiplient les écoles, les universités des pays arabes. L'instruction étant gratuite et obligatoire à différents niveaux dans la plupart des pays arabes, la civilisation que véhicule cette langue n'est pas près de s'éteindre, au contraire. D'ici une génération environ, on ne rencontrera que de rarissimes cas d'analphabétisme dans ces pays. Bien plus, les techniques les plus modernes sont mises à la disposition des media d'information pour diffuser le plus possible la culture arabe. Dans de telles circonstances, on ne peut prévoir qu'une seule conséquence: l'épanouissement de la langue, de la culture et de la civilisation arabes.

Quant à la religion musulmane, elle demeure le ferment de millions d'adeptes non seulement dans les pays arabes mais aussi bien au-delà du Proche-Orient. Le Coran est un livre sacré traitant de problèmes classiques et universels sur lesquels la sagesse millénaire s'est penchée. Le Coran est indestructible. Il est là, il éclaire, il dicte la conduite, il est vénéré, il est la lumière qui guide les masses musulmanes vers des objectifs communs acceptés par tous les adeptes de cette religion. La Mecque est la ville sainte par excellence, au même titre que Rome ou Bénarès. On prie en se tournant vers La Mecque, on y oriente ses actions, on y pense même tous les jours, on s'y rend en pèlerinage, on vénère ce haut-lieu de l'islam. La religion musulmane, comme la langue arabe, est loin de dépérir; elle s'épanouit en fournissant des réponses éternelles à des questions auxquelles le matérialisme ne peut répondre. Langue et religion ont uni depuis des siècles ces peuples qu'on croyait désunis, désorganisés, dépourvus de toute civilisation capable de les faire progresser autant intellectuellement que matériellement. Mahomet, le prophète, a montré le chemin et des millions de gens l'ont suivi; il le montre encore et des millions de gens sont encore disposés à le suivre. D'ailleurs l'aire culturelle de l'islam couvre la moitié de la terre, du Maroc à l'Indonésie.

Au point de vue politique

En plus d'une langue, d'une religion, d'une histoire et d'une civilisation communes, les Arabes se sont solidarisés face à Israël. La plupart des pays arabes ont voté contre la formation de l'Etat juif en 1948. Quelques heures à peine après la proclamation d'indépendance de la république d'Israël, les armées d'Egypte, de Jordanie, de Syrie, du Liban, d'Irak et d'Arabie Saoudite attaquèrent le nouvel Etat. Bien que défaits militairement, ces pays continuèrent le boycott économique d'Israël, l'empêchant d'utiliser le canal de Suez et y favorisant une guérilla. Prétextant une attaque imminente, Israël attaqua l'Egypte en 1956 et fut soutenu quelque temps par les forces britanniques et françaises. Un cessez-le-feu s'ensuivit jusqu'en 1967. C'est alors que les forces égyptiennes réoccupèrent rapidement la bande de Gaza et fermèrent le golfe d'Aqaba à toute circulation maritime. Israël répondit par une guerre éclair de 6 jours qui lui permit d'occuper la bande de Gaza, la péninsule du Sinaï jusqu'au canal de Suez, la vieille partie de Jérusalem, les hauteurs du Golan et la rive occidentale du Jourdain. Un prétendu cessez-le-feu s'ensuivit, mais des duels d'artillerie, des raids aériens et des raids de guérilla se répétaient continuellement. Les mesures de représailles étaient devenues des activités communes contre la Jordanie, la Syrie et le Liban. Le jour férié du Yom Kippour (6 octobre 1973), les armées égyptiennes et syriennes attaquèrent par surprise Israël et réalisèrent d'importantes conquêtes. Les armées israéliennes contre-attaquèrent, faisant reculer les armées syriennes jusqu'à 30 km de Damas et encerclant les têtes de pont égyptiennes. Un autre cessez-le-feu intervint qui ne résolut pas les problèmes, car la guérilla et les raids de représailles continuèrent. A chaque conflit majeur, les pays voisins d'Israël ont le soutien moral, financier et militaire des autres pays arabes.

On ne compte plus les escarmouches qui ont opposé Juifs et Arabes. Parfois, il s'agit de simples coups bas, mais quatre fois au moins depuis la formation de l'Etat juif, a-t-on vu des armées régulières se livrer bataille. En fait, ce fut toujours le même scénario: Juifs et Arabes s'arment, Juifs et Arabes se guettent, Juifs et Arabes s'accusent, Juifs et Arabes se confrontent, les Juifs refoulent finalement les Arabes, les grandes puissances interviennent et imposent un cessez-le-feu. Après quelque temps, la patience des deux camps est à bout et on recommence à s'entre-tuer. Les Juifs gagnent encore cette bataille, un autre cessez-le-feu y met fin jusqu'à une nouvelle escarmouche, jusqu'à une nouvelle victoire juive, jusqu'à un nouveau cessez-le-feu, etc...

Oui, les Juifs ont réellement gagné toutes les batailles, mais ils sont loin d'avoir gagné la guerre. Voici pourquoi. A chaque bataille, on dépense des millions de dollars pour s'équiper de nouveau, s'armer de nouveau et, à chaque fois, il en coûte plus cher aux deux camps ennemis. Or, sans le soutien avoué que certains pays accordent à Israël, ce pays ne pourrait supporter un tel fardeau financier, tandis que les Arabes, grâce aux milliards de dollars qu'ils possèdent, peuvent à chaque fois s'équiper mieux que la fois précédente et menacer davantage Israël. D'une guerre à l'autre, les Arabes sont mieux organisés, mieux équipés. D'une guerre à l'autre,

Israël doit dépenser plus d'argent sans pouvoir compter sur des revenus supplémentaires. Si on ajoute à cela l'arme du pétrole qui invite les Arabes à boycotter tous les pays favorables à Israël, on sera en mesure de juger de la précarité du soutien officiel fourni à Israël.

Qu'on fasse le compte: le budget militaire d'Israël en 1977 s'élevait à $10 milliards, montant qui représente plus du tiers du produit national brut (PNB). Cet énorme effort militaire est consenti par le gouvernement israélien, alors que le pays n'en finit pas de se rétablir des conséquences de la guerre d'octobre 1973. Cette dernière a d'ailleurs coûté à Israël l'équivalent d'une année de produit national. Les dépenses militaires de l'Etat juif s'étaient stabilisées à 17 p. 100 du PNB en 1972, elles ont grimpé à 46 p. 100 pendant la guerre de 1973 et s'élèvent maintenant à plus du tiers du PNB. Les importations militaires israéliennes ont augmenté de 150 p. 100, de 1972 à 1974, ce qui a déséquilibré la balance des paiements. Les importations de ce pays s'élevaient à $4 milliards en 1977 et les exportations à $2,3 milliards, laissant un déficit de $1,7 milliard. La dette extérieure israélienne totalisait en 1977 $10 milliards et son remboursement devait coûter $2 milliards. Ce petit pays ne compte que 3 500 000 habitants, répartis sur 20 000 km^2 de territoire.

Les Arabes n'ont pas de tels problèmes financiers: les milliards de dollars qu'ils ont accumulés et qu'ils continuent de ramasser leur permettent de remplacer leur équipement militaire sans s'endetter et de garantir les dépenses militaires des pays arabes non producteurs de pétrole. Ils n'ont à peu près pas de dettes et leur balance des paiements est largement excédentaire. Tous les budgets des pays arabes producteurs de pétrole sont plus que garnis et les énormes excédents monétaires leur permettent des largesses envers les autres pays arabes, surtout dans le cas d'une guerre contre Israël. D'un côté, Israël n'en peut plus de supporter un fardeau militaire et financier écrasant et de l'autre, les Arabes se révèlent bien équipés militairement et disposent de moyens financiers très puissants. L'issue ne fait pas de doute: même si les Arabes perdent le prochain conflit, il leur sera toujours loisible d'acheter de nouveau de l'équipement militaire et d'accentuer de nouveau la pression aux frontières d'Israël. Ce n'est pas du tout le cas d'Israël qui, même s'il gagne la prochaine manche, se retrouvera tellement endetté qu'il sera pratiquement acculé à la faillite. Le monde arabe est indestructible, est-ce assez clair? Il est plus que temps pour Israël de conclure une paix juste et honorable avec ses voisins surtout après les ouvertures faites en ce sens par l'Egypte. Il y va de son propre intérêt, beaucoup plus que de l'intérêt des Arabes.

Si Juifs et Arabes pouvaient conclure une paix juste, et collaborer, quelle monde merveilleux ils pourraient construire! Au lieu de se faire du tort mutuellement, comme par exemple boycotter les 1 500 compagnies américaines dirigées par des Juifs ou faire des pressions sur les gouvernements pour voter des lois anti-Arabes, une dose de bonne volonté apporterait le bonheur à chaque camp. Bien sûr, Israël est une épine dans le pied arabe, mais qui n'a pas son épine? Le Royaume-Uni a son Irlande du Nord, les Etats-Unis leur Cuba, la Chine son Hong Kong, l'URSS son Berlin, l'Irak son Kurdistan, etc. De leur côté, les Juifs peuvent fournir leur maîtrise des techniques modernes d'irrigation, leur génie militaire, leur esprit d'entreprise, la puissance de leurs lobbies dans la plupart des pays occidentaux, etc. Les Arabes, eux, possèdent des avantages aussi marqués: situation stratégique, étendue de territoire, population nombreuse, ressources incalculables, pétrole en abondance, fonds suffisants pour mettre en œuvre les projets les plus ambitieux, volonté de réussite, etc. On a vu se réconcilier des ennemis qu'on croyait irréductibles, par exemple, les Français et les Allemands. Qui nous dit que les Juifs et les Arabes sont irréconciliables? Le jour où ils arrêteront de s'empoigner et où ils travailleront la main dans la main, ils maîtriseront leur destin. Après tout, ne font-ils pas le jeu des grandes puissances en se battant continuellement?

Au point de vue économique

La solidarité arabe se manifesta aussi sur le plan économique par la formation de l'OPEP (Organisation des Pays Exportateurs de Pétrole; en anglais OPEC, c'est-à-dire Organization of the Petroleum Exporting Countries). Sur l'initiative de quelques pays arabes exportateurs de pétrole, on fonda cet organisme en 1960 pour unifier et coordonner les politiques économiques des pays exportateurs de pétrole et pour sauvegarder les intérêts de chacun. Les treize pays membres en 1977 étaient: l'Algérie, l'Equateur, l'Indonésie, l'Iran, l'Irak, le Koweit, la Libye, le Nigeria, le Qatar, l'Arabie Saoudite, l'Union des Emirats Arabes, le Venezuela et le Gabon. Comme on peut le constater, huit de ces treize pays sont arabes. A elle seule, l'OPEP possède le monopole du pétrole exporté, soit environ 80 p.. 100 du pétrole commercialisé dans le monde. Et les pays arabes possèdent la majorité au sein de cet organisme très puissant. Comme la plupart des entreprises pétrolières opérant en territoire arabe ont été expropriées ou nationalisées, l'initiative pétrolière ne revient plus aux compagnies mais aux chefs d'Etat. On s'en aperçut brusquement en 1973, lorsque l'OPEP décréta le boycott pétrolier contre les pays amis d'Israël. On n'avait jamais envisagé une telle action et les pays arabes eux-mêmes furent surpris de l'efficacité d'une telle mesure. Le boycott fit mal à la plupart des économies occidentales et se répercuta sur les pays du Tiers monde. L'OPEP prit une autre mesure que la naïveté occidentale croyait impossible: la hausse subite du prix du baril de pétrole brut. On s'était endormi sur des prix extrêmement bas de brut, si bien que le prix d'un baril n'avait pas monté de façon notable depuis plusieurs années alors que tous les autres produits et services avaient connu des hausses. On était tellement conditionné par du pétrole à bon marché qu'on gaspillait cette source d'énergie sans vergogne, qu'on ne tenait aucunement compte de l'économie des pays exportateurs et qu'on souhaitait même une plus grande consommation parce qu'on envisageait une baisse du prix déjà bas du pétrole à cause de la concurrence entre les compagnies productrices et distributrices. Quelle erreur! La solidarité arabe avait déjoué tous les plans. Le prix du pétrole brut connut des hausses spectaculaires, passant de $3 ou $4 le baril à $10 ou $11 le baril ($12.70 le baril en 1978). Le pétrole brut avait donc presque quadruplé en l'espace d'un an et demi (1973-1974).

Devant le succès d'une telle mesure et les milliards de dollars supplémentaires qu'il en est résulté, le prix du pétrole n'est pas prêt de redescendre à son ancien niveau, à moins que l'OPEP ne veuille faire du dumping pour obliger un dangereux concurrent à négocier avec elle. Ce n'est pas le cas et les Arabes, grâce à leur solidarité, peuvent maintenant envisager l'avenir avec confiance, car, unis comme ils ne l'ont jamais été, ils sont en train d'influencer la politique mondiale et de se développer comme ils n'auraient pu le faire individuellement.

La solidarité arabe s'étend au domaine financier. C'est peut-être dans ce domaine d'ailleurs qu'elle est plus nette et plus efficace. Faisant jouer les milliards de dollars qu'ils tiennent en réserve dans la plupart des institutions financières du monde occidental, les Arabes sont capables d'influencer d'importantes décisions ou tout simplement de faire un tort énorme à leur ennemi traditionnel, Israël. Une guerre silencieuse oppose banques juives et arabes et le boycott de l'un suit nécessairement le boycott de l'autre. Plus pénétrante et plus durable, cette grande offensive s'immisce dans les actions quotidiennes de millions de gens. La liste noire des institutions boycottées remonte à plus de vingt ans. Il n'y a donc pas lieu de s'en émouvoir brusquement. De plus, il ne s'agit nullement de racisme, ni de religion. Jamais les Juifs n'ont été massacrés dans le monde arabe. C'est l'Occident qui a mauvaise conscience sur ce plan. Ne figurent, sur cette fameuse liste, que les firmes qui ont contribué à l'effort de guerre d'Israël, ou ont donné des preuves d'hostilité aux pays arabes. Environ une fois par an, cette liste est mise à jour par le bureau de boycottage (composé des délégués des pays membres de la Ligue arabe). Toute banque ou entreprise mise à l'index dispose de six mois pour se défendre. C'est une question de principe. Quand on est en état de guerre, on ne peut pas coopérer avec ses ennemis, ni avec leurs alliés. Une autre question est de savoir si l'on accepterait de participer simplement à la souscription d'une émission dont l'un des chefs de file serait une banque boycottée. Le problème n'est pas tranché et on tente de le soumettre au conseil d'administration de chaque société. En revanche, on ne voit pas d'objection à ce qu'une banque arabe figure parmi les souscripteurs, à côté de banques boycottées. Il y eut, un moment, trente-cinq mille sociétés de toutes espèces sur la liste de boycottage. Il n'en reste plus aujourd'hui que deux mille. Telle est la théorie. En pratique, les règles du boycottage sont appliquées avec la plus grande fantaisie.

Si cette décision est folklorique dans son application, elle est grave dans son principe. Elle peut asphyxier une banque, quand celle-ci dépend pour une large part du marché monétaire international. Les dirigeants des banques qualifiées de « juives » se refusent, eux, à tout commentaire. Dans leur entourage, on dit simplement que ce qu'ils craignent le plus, c'est que les banquiers cèdent trop facilement aux pressions arabes, et ils se demandent si le secret de toute l'affaire n'est pas une brillante offensive des banquiers arabes désireux d'éloigner leurs plus dangereux concurrents, sans débourser d'argent, en utilisant les banques non juives, et en s'abritant derrière elles.

Les Arabes se dotent de plus en plus d'outils susceptibles de garantir leur avenir. Ils viennent de créer un fonds monétaire arabe qui, à lui seul, constituera une pièce maîtresse sur l'échiquier financier du monde. Les gouverneurs des banques centrales arabes ont approuvé (en 1975) la création d'un tel fonds au capital de 750 millions d'unités de tirage, soit une valeur d'environ un milliard de dollars. Ce nouvel atout a surtout pour but de préserver la position arabe face aux problèmes monétaires internationaux. La dépréciation du dollar n'est pas étrangère à une telle mesure, car on envisage, si ce n'est déjà fait, d'abandonner le dollar en faveur d'une monnaie forte pour le calcul du prix du pétrole. Celui-ci était encore fixé à $12.70 le baril de 159 litres en 1978. La dépréciation du dollar inquiète sérieusement les Arabes dont les revenus sont pour leur plus grande part fondés sur la monnaie américaine. Un affaiblissement de cette monnaie résulte en une baisse de leur pouvoir d'achat quand il s'agit de convertir leurs avoirs en monnaies fortes, le franc suisse ou le deutsche mark par exemple. La création de ce fonds illustre une fois de plus la volonté des Arabes d'éliminer la devise américaine de leurs contrats. C'est un nouveau pas sur la voie du rejet d'une monnaie fondante comme moyen de paiement du pétrole. La mesure vise également à fournir une assistance aux pays arabes non producteurs de pétrole, au cas où ces pays connaîtraient des difficultés de balance de paiements. Tout ceci accentue le délabrement du système monétaire occidental, car il se formera une zone à part au sein de laquelle s'effectueront les transferts de ressources, court-circuitant ainsi le Fonds monétaire international (FMI) dont la vocation est justement d'aider les pays à surmonter leurs difficultés de balance des paiements. Quoi qu'il en soit, on peut prévoir que les Arabes s'efforceront d'échapper à l'emprise du dollar, mais il leur sera ensuite plus difficile de remédier aux deux autres causes possibles de l'érosion de leurs revenus: la réduction de la consommation et la diminution des prix en valeur réelle par affaiblissement de la demande. Que feront les Arabes lorsque toutes les monnaies seront faibles, sauf la leur?

A moins que des mesures immédiates ne soient prises pour aller au-devant des Arabes et collaborer avec eux à la construction d'un ordre nouveau au Proche-Orient, un vaste chaos menace la civilisation occidentale. Un nouvel embargo pétrolier est toujours possible et ses conséquences sont d'ores et déjà prévisibles: rationnement de l'essence, fermeture d'usines, chômage, pénurie de matières premières pétrolières, hausse des prix, etc. Que les Arabes retirent tout d'un coup les milliards de dollars qu'ils ont en dépôt dans les différentes banques occidentales et il s'ensuivra une dépression semblable à celle qu'on a déjà connue. L'arme du pétrole et l'arme financière sont plus efficaces que les armes conventionnelles, car elles ébranlent les assises mêmes du système capitaliste. Lorsque le conflit israélo-arabe reprit en 1973, il semble bien que les attaques, combinées à l'embargo pétrolier, avaient pour but d'obliger les Etats-Unis et d'autres pays à faire pression sur Israël afin d'obtenir un début d'évacuation des territoires occupés: Sinaï, bande de Gaza, Golan ou rive occidentale du Jourdain. Devant l'évacuation partielle de ces territoires, les rapports diplomatiques et économiques s'améliorèrent beaucoup entre l'Occident et le Proche-Orient. Les Arabes, beaucoup plus que les Juifs, font des efforts extrêmes pour gagner la sympathie des Etats-Unis. La patience arabe a des limites et un nouvel embargo pétrolier produirait une gêne considérable aux Etats-Unis, même s'ils ne dépendent du pétrole arabe que pour 10 p. 100 environ de leur consommation. Il en va tout autrement pour l'Europe occidentale et le Japon qui sont tributaires du pétrole arabe dans une proportion de 80 p. 100. La situation deviendrait alors tragique: effondrement de la production industrielle, montée massive du chômage, panique financière, extrémisme politique, etc. Dans la mesure où ces pays sont économiquement très liés aux Etats-Unis, une sous-production pétrolière mondiale entraînerait ce pays vers la dèche. Il faut donc que les pays occidentaux ne laissent pas pourrir la situation au Proche-Orient; ils doivent prendre leurs responsabilités face aux Etats-Unis arabes. Au lieu de les ignorer et de crier ensuite, lors d'un embargo pétrolier, ils devraient faire autant d'avances et prendre autant d'initiatives pour soutenir les pays arabes qu'ils en déploient pour appuyer l'Etat juif.`

IV

Importance incontestable du pétrole

L'origine du pétrole

On a souvent crié, on a souvent blâmé, mais on réfléchit avant d'agir lorsqu'on s'aperçoit dans quelle mesure le milieu naturel si vulnérable et si vital a été saccagé. On s'arrête devant l'hécatombe, on pleure même et on demande le respect de la vie, le respect de l'œil, de l'ouïe, de l'odorat, du toucher, du goût; on réclame à cor et à cri l'intégration de l'homme à la nature; on veut sauver l'environnement en faisant valoir qu'il y va de la vie même des êtres.

Mais le pétrole brut aussi est une ressource naturelle, lui aussi vient de la nature, lui aussi a besoin d'être utilisé rationnellement, lui aussi est nécessaire à la vie. Nécessaire et indispensable à la vie industrielle, à la machine, à la révolution technologique qui s'imbrique à l'ancienne, à l'incessante recherche du bonheur. Réalisons ensemble un nouveau processus dynamique en dehors du pétrole. Il reste utopique tant et aussi longtemps qu'on ne change pas complètement la structure industrielle et commerciale actuelle et qu'on n'intègre pas à son système de valeurs l'importance du pétrole brut au même titre que l'air, l'eau, la nourriture. Peut-on vivre sans pétrole? Oui, on l'a déjà fait, mais peut-on raisonnablement recommencer ce cheminement difficile et souvent barbare sans condamner du même coup toutes les réalisations qui font honneur aux grandes civilisations?

Par bonheur, les civilisations prennent racine dans la nature, l'utilisent, en abusent et retournent à elle. Le pétrole brut est un produit naturel, naturel à l'homme, naturel à la civilisation, naturel au développement, naturel au fonctionnement, naturel et non renouvelable.

Le pétrole se renouvelle sans cesse, mais à un rythme extrêmement lent, c'est-à-dire au cours de plusieurs millions d'années, si les conditions favorables à sa formation se trouvent réunies. Il ne faut donc pas penser que la nature peut continuellement fournir du pétrole si la consommation se fait au rythme actuel. Depuis un demi-siècle, on a constamment exploré et exploité de nouveaux champs pétrolifères, c'est pourquoi on a pu disposer de pétrole régulièrement et à bon marché. Ce temps est révolu. A l'heure de la prospection pétrolière par satellite, on est en mesure d'estimer où se trouvent les zones les plus favorables et les réserves possibles à l'échelle de la planète. On recherche du pétrole dans les régions les plus inhospitalières et difficilement accessibles. Après, que restera-t-il? On aura fait le tour de la planète et épuisé la plupart des ressources pétrolières... Cette vision de cauchemar n'est pas encore réalité et il semble bien que les réserves pétrolières actuelles laissent à la civilisation industrielle un répit de 50 à 60 ans encore. Mais après? C'est pourquoi, tout en continuant à utiliser le pétrole, on doit se tourner davantage vers d'autres sources d'énergie, renouvelables celles-là.

La formation du pétrole est un problème qui n'est pas encore complètement résolu, cependant plusieurs faits permettent de le cerner.

Les pétroles contiennent certaines substances organiques qui ne font pas douter de leur origine. En effet, les pétroles contiennent des porphyrines qui sont formées de la matière colorante rouge du sang (hémin) ou de la matière colorante verte des plantes (chlorophylle). En général, dans le pétrole, les porphyrines végétales sont plus importantes que les porphyrines animales. La présence de ces porphyrines prouve que la température de formation des pétroles n'a jamais dépassé $200°$ C, car la porphyrine est détruite à cette température. De plus, l'observation montre que les pétroles naturels sont capables de provoquer la rotation d'un rayon de lumière polarisée, soit vers la droite, soit vers la gauche. Ce pouvoir rotatoire des pétroles est dû au cholestérol et au phytostérol qui sont des matières animales ou végétales et qui ne se forment jamais dans les expériences reproduisant les pétroles par voie inorganique. S'il est possible de fabriquer du pétrole inorganiquement en laboratoire, les grandes nappes de pétrole naturel sont certainement formées à partir de matières organiques animales et végétales.

Les gîtes de pétrole étant essentiellement liés aux terrains sédimentaires marins, c'est dire qu'on les retrouve dans des sédiments qui furent déposés dans d'anciennes mers. On peut assumer que la matière organique donnant naissance au pétrole est surtout d'origine marine. On trouve quelques dépôts de pétrole associés à des roches cristallines ou à des sédiments déposés sur les continents, mais en contact avec la « roche réservoir ».

La matière organique peut se transformer suivant deux réactions. En milieu oxygéné, cette matière organique « brûle » et produit du gaz carbonique et de l'eau; en milieu réducteur, sans oxygène libre, elle se transforme en hydrocarbure. Le milieu de transformation de la matière organique doit donc être réducteur pour former le pétrole.

Les expériences sur les boues et les argiles d'âge « récent » ont montré que ces sédiments contenaient des hydrocarbures de pétrole. On peut même présumer que des hydrocarbures de pétrole s'y forment actuellement. Il est donc évident que la transformation de matière organique en pétrole s'opère tôt après déposition. On peut donc résumer comme suit: la matière organique se dépose en même temps que le sédiment dans un milieu marin. La matière organique est la source originelle du pétrole. La transformation s'opère à basse température, tôt après sédimentation, en milieu réducteur. Le gaz naturel est produit par les mêmes phénomènes; il n'est différent que par le petit nombre de carbones dans les chaînes organiques.

Le pétrole, une fois aggloméré sous forme de gouttelettes, dans le sédiment, doit pouvoir se concentrer de manière à former une nappe de pétrole exploitable. Cette concentration de la gouttelette à la nappe porte le nom de « migration primaire ». Cette migration s'accomplit sous l'effet de la pesanteur agissant sur les sédiments. Au moment de sa déposition, l'argile contient 85 p. 100 d'eau environ. Si le milieu est favorable (présence de matière organique dans les sédiments, milieu réducteur, etc.), il se crée des gouttelettes de pétrole. La pression appliquée sur l'argile par le poids des sédiments qui se sont déposés depuis la formation du pétrole, éjectera l'eau et le pétrole. Cette éjection se fait dans deux directions principales: verticale et horizontale (parallèlement aux couches sédimentaires). Cette compression (« compaction ») a aussi pour effet de boucher (« cimenter ») les pores du sédiment et il s'ensuit que la migration primaire sera courte (moins de 2 km) et qu'il ne pourra y avoir de concentration de pétrole considérable à moins que, durant cette migration primaire, les pétroles ne rencontrent une zone de sédiments plus grossiers (sables par exemple) où les pores, plus grands et plus nombreux peuvent permettre une accumulation. Il faudrait bien faire comprendre que l'expression « nappe de pétrole » ne veut pas dire que le pétrole remplit un immense réservoir sous forme de caverne; en réalité, il s'agit d'une quantité considérable de fines gouttelettes de pétrole qui sont unies les unes aux autres et qui remplissent les ouvertures de la roche. Une fois que les gouttelettes de pétrole sont reliées les unes aux autres (« phase continue ») la nappe se déplace dans la couche sédimentaire sous l'effet de la pression de l'eau et du gaz (« migration secondaire »). La roche dans laquelle se déplace la nappe porte le nom de « réservoir ».

Les réservoirs naturels de pétrole sont surtout composés de calcaire et de grès. La qualité essentielle du réservoir, c'est d'avoir une bonne porosité, c'est-à-dire un grand pourcentage d'espaces libres par lesquels le pétrole peut se déplacer. Les plus grands réservoirs au monde sont dans des calcaires fracturés lors du plissement de la croûte terrestre (l'Asmari du Proche-Orient). La couche sédimentaire que recouvre la roche réservoir doit évidemment être imperméable, sinon le pétrole s'échappe dans les couches supérieures et peut même atteindre la surface.

Une fois le pétrole en migration secondaire, il faut, pour former une accumulation, qu'il puisse s'arrêter. Le piège a pour effet de retenir le pétrole sous la surface, permettant ainsi de grandes accumulations. Ces pièges peuvent être de deux types: soit formés par déformation de la croûte terrestre (pièges structuraux) ou formés par des changements dans la composition de la roche réservoir (pièges stratigraphiques).

La prospection du pétrole

De nos jours, la recherche du pétrole nécessite des centaines de gens, des millions de dollars, de la science, de l'expérience, un optimisme inébranlable, de l'imagination et, comme le savent tous les initiés, de la chance. Voici, dans les termes les plus simples, comment se déroule la chasse au pétrole.

Des arpenteurs recherchent certains accidents de terrain: collines, arêtes, affleurements de roc. Des géologues s'appliquent à découvrir certaines familles de roches superficielles considérées comme indices d'une formation pétrolifère (roches poreuses, roches conservant des vestiges de l'ancienne faune marine) et étudient la configuration des affleurements. Des géophysiciens, en quête d'anomalies plus prononcées dans les couches qui pourraient receler du pétrole, explorent alors le sous-sol au moyen d'ondes de choc. Lorsque les pétroliers croient avoir trouvé une structure géologique du type qu'ils cherchaient dans une région qui pourrait être pétrolifère, ils procèdent au forage. La structure peut être stérile ou ne renfermer que les restes d'un ancien gisement de pétrole. Parfois elle ne contiendra que de l'eau salée. Il arrive aussi qu'on ne puisse en extraire le pétrole parce qu'il se trouve hermétiquement emprisonné dans les pores non communicants d'une formation de roc. Il ne suffit pas que la roche magasin soit poreuse: il faut que les pores communiquent entre eux pour que le pétrole puisse s'écouler. Ailleurs, le coût d'extraction devient prohibitif parce que le pétrole est réparti en une couche trop mince sur une étendue trop vaste. Mais il reste la possibilité d'une découverte historique. Quand on cherche du pétrole, il faut d'abord décider vers quel endroit se diriger, et c'est une décision qui, en diverses circonstances, a reposé sur bon nombre d'hypothèses. Selon une théorie énoncée au début des années 1860, on a plus de chances de découvrir du pétrole près d'un cimetière qu'aux abords d'une scierie. Ce brin de savoir est exact. Les cimetières s'étendent généralement sur un terrain élevé, tandis que les scieries longent le bord de l'eau. Aussi une colline, manifestation d'un pli dans l'écorce terrestre, peut-elle être un parfait piège pétrolifère. L'utilisation des baguettes de sourcier et l'interprétation des rêves étaient des pratiques répandues chez les chercheurs de pétrole il y a un siècle, mais elles ne séduisirent pas un jeune ingénieur civil américain du nom de John F. Carll. Celui-ci était déterminé à découvrir les caractéristiques des régions pétrolifères. Vers 1865, il entreprit un voyage dans les Etats pétroliers de New York et de Pennsylvanie, pour s'entretenir avec des foreurs de puits tant arides que productifs. En plus d'établir qu'on trouvait le pétrole dans des formations de roches poreuses, ses recherches réfutèrent l'idée que le pétrole s'écoule dans des rivières souterraines ou repose dans des lacs également enfouis, et confirmèrent le fait qu'un gisement est constitué, en réalité, de milliards de gouttelettes de pétrole enfermées dans des roches poreuses. Cette roche est généralement du grès ou du calcaire résultant de l'accumulation des sédiments des anciennes mers. Les sciences mises à contribution comprennent la stratigraphie (corrélation et interprétation des roches stratifiées), la pétrologie (étude de la genèse, de la composition et de l'évolution des roches) et la paléontologie (étude des fossiles animaux et végétaux). L'exploration pétrolière exige le concours de tellement de spécialistes qu'on se croirait dans une université. Néanmoins les chercheurs de pétrole doivent se baser sur des hypothèses, même si celles-ci s'appuient sur des tas d'indices. La première de ces hypothèses a trait à la genèse même du pétrole. Celui-ci, selon la théorie dominante, résulterait d'un mélange d'organismes marins préhistoriques et de vestiges de vie végétale. On croit que cette matière organique fut d'abord ensevelie dans une argile ou un calcaire à grain fin, relativement étanche, que les géologues appellent roche mère. Sous le poids des couches successives qui s'entassèrent sur la roche mère, le pétrole fut exprimé, telle l'eau d'une éponge, et refoulé dans les pores des roches magasins sédimentaires où on le trouve de nos jours. Le géologue cherche des indices de roche mère sur les versants des cañons où l'érosion a mis à nu les couches souterraines et dans les montagnes où les secousses de la terre les ont fait éclore. Si les indices sont encourageants, il part à la recherche du piège pétrolifère. Un piège pétrolifère se forme lorsqu'un rocher imperméable empêche la migration du pétrole; le dôme anticlinal, sorte de bol souterrain renversé, en est un exemple classique. Les pièges se présentent également à l'encontre des failles alors qu'un déplacement des strates superpose une couche imperméable de roc sur une couche pétrolifère pour bloquer la migration du pétrole, ainsi que dans des situations plus compliquées. La photographie aérienne révèle parfois des indices superficiels d'anticlinaux et de failles possibles. C'est ce qui a incité les scientistes à s'intéresser à la photographie spatiale comme moyen de détection des pièges pétrolifères. Mais l'absence de tout indice superficiel est fréquente. Les pétroliers sont d'avis que le gravimètre les aide à se faire une idée du profil des masses rocheuses souterraines. Cet instrument peut les orienter vers des pièges en mesurant la gravitation à plusieurs endroits. On a aussi recours au magnétomètre pour interpréter les structures rocheuses souterraines en mesurant la force d'attraction du champ magnétique terrestre. Ces instruments fournissent une indication sur la profondeur à laquelle gisent les couches de roche. Lorsque les profondeurs varient selon les endroits, les lectures peuvent servir à tracer les contours des couches souterraines. L'opération la plus efficace avant le forage revient au sismologue qui interroge le sous-sol au moyen des ondes sonores. En faisant exploser de petites charges de dynamite dans des trous de 20 mètres de profondeur et en enregistrant le temps que met le choc à se réfléchir à la surface, les sismologues peuvent localiser des zones de roc souterrain qui pourraient être des pièges pétrolifères. En confiant les données enregistrées à un ordinateur, on pourra obtenir le plan de ces structures. Avant d'entreprendre une vaste exploration pétrolière, occasion d'une vive spéculation chez les chercheurs et promoteurs rivaux, la compagnie intéressée tente d'obtenir les droits miniers. Pour comprimer leurs frais, les pétroliers tâchent de deviner l'étendue de la région qu'ils croient pétrolifère. Ils tiennent à exercer des droits sur la plus grande étendue productive possible, mais non sur plus qu'il n'en faut. Puis c'est le forage. Mais la sondeuse ne repérera pas nécessairement du pétrole en dépit des possibilités indiquées par la science et tous les instruments. Le pétrole a pu s'échapper il y a longtemps. Bon nombre de pièges n'ont jamais renfermé que de l'eau. Les foreurs peuvent aussi trouver du pétrole dans une formation à porosité si faible qu'on n'en saurait l'extraire. Le besoin de méthodes de prospection plus sûres devient impérieux avec la hausse des frais d'exploration, influencée par la courbe ascendante des salaires et des frais de déplacement dans les régions reculées.

L'histoire du pétrole

Au XXe siècle, on est souvent enclin à s'imaginer qu'on a tout découvert. Ainsi on pourrait croire que l'histoire du pétrole débuta dans le sud-ouest de l'Ontario, en 1857, avec la mise en production par James Miller Williams du premier puits de pétrole rentable au monde. Mais, bien avant cela, des hommes vêtus de toges et de peaux de tigre utilisaient le pétrole. L'empereur romain Septime Sévère, par exemple, inventa le brûleur à l'huile tout simplement en allumant des lampes·en terre cuite remplies de naphte pour chauffer des thermes fréquentés par 2 000 personnes. La fixation des prix du pétrole se pratiquait environ 3 600 ans avant l'invention des commissions royales; ruminant son code, le roi Hammourabi statua que le calfatage d'un bateau ne devrait pas coûter plus de deux sicles d'argent et que tous les calfats babyloniens feraient mieux de se le tenir pour dit. Les droits d'extraction du pétrole existaient dès l'an 1000, les juristes arabes ayant décidé que les sultans étaient propriétaires de tout l'or, l'argent, le cuivre et le pétrole que renfermaient leurs terres. Quant à l'usage du pétrole comme engin de guerre, il remonte au moins au 1er siècle de l'ère chrétienne, alors que, selon le chroniqueur romain Pline, les habitants de Samosate, en Syrie, lancèrent de la boue visqueuse embrasée sur les soldats de Lucullus, qui eurent tôt fait de frire et de brûler sous leurs armures.

Comment alors les anciens n'ont-ils pu tirer parti du pétrole autant qu'on le fait depuis cent ans? Pour deux raisons: leurs connaissances en la matière étaient peu étendues et ils envisageaient le pétrole de façon mystique, comme s'il avait en quelque sorte une personnalité individuelle, plutôt que scientifique, ce qui suppose qu'il est une manifestation distincte d'éléments de base obéissant tous aux mêmes lois.

Au début, le pétrole servait surtout à imperméabiliser et à lier les matériaux. Les briques de la tour de Babel furent cimentées avec un mortier de sable, paille et asphalte. Puis le pétrole fut employé dans la construction du palais du roi Nabuchodonosor à Babylone et de routes de parade, comme revêtement des conduites, et pour boucher hermétiquement les fissures du Sphinx et des Pyramides. Sans le pétrole, Noé pourrait bien n'avoir pas survécu à la première nuit du déluge. Selon la Bible et d'autres sources, il appliqua deux couches de bitume sur la paroi externe de l'arche et une à l'intérieur. La mère de Moïse, lit-on dans l'Exode, enduisit de brai son panier d'osier. Plusieurs siècles avant J.-C., les premiers marchands de pétrole, les Phéniciens, parcouraient la Méditerranée dans des bateaux calfatés d'asphalte, pratiquant le trafic du pétrole provenant d'affleurements voisins de la mer Caspienne. Négligeant ces aspects plutôt utilitaires, les Chinois, en quête de saumure à l'aide d'une sondeuse à câble, trouvèrent du gaz naturel, découvrirent sa combustibilité et l'utilisèrent à des fins culinaires. Chaque aristocrate chinois convoita dès lors son puits de feu. Les Babyloniens se mirent de la partie, en répandant à leurs portes du bitume pour éloigner les démons, surtout le terrible Labartu qui, paraît-il, s'abreuvait du sang des enfants. Pour former des bijoux de parure, la plupart des anciens sertissaient dans l'asphalte perles, pierres précieuses et filigranes d'or. Les Assyriens inventèrent un puissant moyen de faire avouer leurs torts aux transgresseurs de la loi: ils leur versaient un pot d'asphalte fondu sur la tête. Dans l'ancienne Egypte, on appliquait du bitume sur les momies, les essieux des chars, les chameaux atteints de la gale et les parquets de salles de bains. Mais le pétrole pouvait servir à tuer et il lui arrivait d'inspirer une peur mortelle. C'est ainsi que, selon la légende perse, un shah fit fabriquer par ses ferblantiers 1 000 chevaux de métal et autant de cavaliers, enduisit le tout de bitume et précipita cette cavalerie blindée contre des envahisseurs indiens montés sur des éléphants. D'autres armées de l'Antiquité firent brûler leurs ennemis au moyen de torches ou de flèches amorcées au pétrole. Mais le tournant véritable survint vers l'an 100 alors que des chimistes apprirent à chauffer le brut, à capter et à refroidir sa vapeur pour produire un liquide très inflammable. Le feu grégeois (allumé avant d'être lancé, ou servi sous forme de mélange de naphte, bitume, soufre ou chaux vive qui prenait feu au contact de l'humidité) connut un franc succès. Les Grecs le mirent dans des pots de pierre ou de verre et inventèrent la grenade à main. Parfois ils se bornaient à escalader le mur de l'ennemi et à lui déverser des seaux de feu grégeois sur la tête. Le tir s'effectuait aussi depuis des positions terrestres ou la proue d'un vaisseau de guerre à l'aide de siphons-pompes. Grâce au feu grégeois, les Romains mirent des flottes arabes en déroute en 678 et en 717, puis 15 vaisseaux grecs firent subir le même sort au prince Igor de Russie et à sa flotte, de 1 000 unités, en 941. Les Arabes, après avoir expérimenté les effets cuisants du feu grégeois, en vinrent à l'adopter. Vers 1250, son emploi était universel. Un manuel d'instruction incitait même les soldats à le manipuler prudemment pour qu'il ne leur éclate pas dans les mains. Un traité militaire arabe du XIVe siècle décrit une division entière de lanceurs de naphte et de chaudières embrasées. Ceux-ci portaient un costume ignifugé, d'amiante probablement, leur permettant de tout rafler dans les villes en flammes de leurs victimes. Lorsque l'Europe délaissa le feu grégeois pour la poudre à canon, le pétrole retrouva des fins plus pacifiques. Une secte de pyrolâtres, les Zoroastriens, s'établit autour des puits de gaz enflammé de Bakou, maintenant intégré à l'URSS. Au Japon, un bouddhiste du nom de Kobo Daish était célèbre pour ses miracles, dont le feu éternel. On présume qu'il promenait une torche allumée au-dessus d'une filtration de gaz et tirait ensuite sa révérence à la foule ébahie. Vers 1800, Prague possédait des réverbères à l'huile, les Caucasiens sirotaient le pétrole comme pousse-café et des Indiens vendaient de l'huile Seneca, puissant remède, aux explorateurs de l'Amérique du Nord. Puis ce fut, en 1857, l'avènement de l'industrie moderne du pétrole avec la découverte du puits de James Miller Williams à Oil Springs, Ontario. L'année suivante, le colonel E.L. Drake mit un puits en production en Pennsylvanie; le reste du monde oublia alors les petits champs canadiens, les découvertes se succédant en Pennsylvanie, dans l'Etat de New York, l'Ohio, l'ouest de la Virginie, l'Indiana et l'Oklahoma. Un jour de janvier 1901, un puits fit irruption à Spindletop, Texas, crachant le pétrole et la boue à une hauteur de 30 mètres. Il se stabilisa à 100 000 barils par jour. A la fin de l'année, le champ englobait 138 puits productifs, éruptifs pour la plupart, et les gens du Texas se vantaient de pouvoir produire plus de pétrole en un seul jour que le reste du monde ensemble. Avec le développement de l'industrie, les champs de pétrole se multiplièrent de par le monde et, avec l'entrée du pétrole dans le champ scientifique, sa recherche même, bien qu'elle comporte encore des risques, devint plus précise. Le raffinage est devenu un art mécanique complexe. Le pétrole s'est discrètement imposé partout au mode de vie. Il est indispensable à la vie, mais on ne s'en rend guère compte.

La transformation du pétrole brut

Le pétrole n'est pas utilisable à l'état brut. Tous les producteurs doivent donc passer, avant la commercialisation de leurs produits, par deux stades intermédiaires qui forment des goulots d'étranglement entre le producteur et le consommateur: le raffinage et le transport. Parce que le brut est un mélange d'hydrocarbures dont le point d'ébullition est différent, il suffit de le chauffer pour obtenir par distillation fractionnée les divers composants. Le *topping* est une distillation simple. A partir de 30° C s'échappent les gaz. Les produits blancs passent entre 40 et 175° C, le pétrole lampant entre 180 et 230° C; vient ensuite la série des produits noirs jusqu'au fuel-oil qu'on obtient après 360° C. Mais déjà, à cette température, le résidu se décompose au lieu de se distiller. Il faut alors opérer sous vide pour récupérer les distillats, matière première des huiles de graissage. Le résidu final forme le brai, l'asphalte, le bitume ou encore le coke de pétrole. Le cracking, ou craquage, est essentiellement destiné à rapprocher la production de la demande. Le *topping* simple peut aboutir à un excès de produits lourds invendus, si l'on travaille pour satisfaire une grosse demande d'essence ou, inversement, à des surplus de produits blancs si on veut favoriser la consommation du fuel. Comme les bruts traités sont de composition chimique différente, il est bon de disposer d'un moyen qui permette d'obtenir pourtant une certaine régularité de proportion dans les divers produits fournis. Le cracking fait éclater les grosses molécules pour obtenir une plus forte proportion de produits légers, grâce à l'emploi de catalyseurs variés. Le reforming n'est qu'une variante du cracking, destiné à élever l'indice d'octane, donc le rendement énergétique des essences. La polymérisation réalise l'opération inverse en soudant des molécules légères pour en former des lourdes.

L'épuration termine les opérations de raffinage et achève de faire d'une raffinerie moderne, un ensemble technique très complexe. Malgré une marche presque continue (20 à 30 jours d'arrêt par an pour vérification et entretien), un tel ensemble ne peut s'amortir qu'à condition de traiter des tonnages élevés: 2 millions de tonnes par an est un minimum pour une raffinerie moderne. Les raffineries peuvent s'installer sur le champ pétrolifère ou dans la région consommatrice. Si le pays est à la fois producteur et consommateur, comme les Etats-Unis, seules des questions commerciales entrent en jeu pour le choix des emplacements. S'il y a échange international, des facteurs techniques et politiques (sécurité des investissements, problème de la main-d'œuvre spécialisée, contrôle des approvisionnements, disposition des sous-produits) inclinent plutôt à placer les raffineries dans les pays d'arrivée (ports de débarquement ou terminus de pipe-lines), plutôt que dans les pays de départ.

Le transport des produits pétroliers revêt lui aussi une importance considérable parce qu'à la différence du charbon qui a fait naître les grandes régions industrielles, le pétrole, venu plus tard, est très souvent extrait dans des régions peu habitées et consommé très loin des lieux de production, et aussi parce que le succès du pétrole dans tous les pays même non producteurs augmente dans des proportions considérables les tonnages transportés. La longueur des routes et le volume des transports se conjuguent donc pour rendre le problème aigu. La nature des hydrocarbures impose des caractéristiques particulières aux modes de transport, parfois sous forme d'avantages; parce qu'ils sont liquides, les hydrocarbures peuvent se déplacer eux-mêmes sous pression (utilisation de conduites) ou parfois sous forme de servitudes parce qu'on ne peut les mélanger avec d'autres cargaisons. Après raffinage, il faut acheminer chaque produit séparément. Ils sont dangereux à manipuler. Pour les transports terrestres, après l'utilisation de barils de fer en Pennsylvanie, comme unité de mesure, on a utilisé les wagons, les chalands, les camions-citernes. Sauf pour les chalands, ces transports sont onéreux. Ils doivent tous après livraison revenir à vide, et ne peuvent convenir qu'à un périmètre limité. L'oléoduc présente le gros avantage, après des frais d'établissement élevés (achat de terrains, pose du tube, stations de pompage), d'assurer un transport très économique avec des frais d'entretien minimes. Mais il faut pour cela un flux régulier et abondant. Un gros diamètre, une pression forte, un réchauffement des produits peu fluides assurent une grosse capacité de transport et un rendement maximum. On peut non seulement y transiter du brut, mais même des produits raffinés qu'on sépare les uns des autres par de grosses bulles d'air comprimé.

Pour les transports maritimes, l'oléoduc n'est pas encore utilisé. C'est entre les deux guerres que le type moderne de pétrolier a été mis au point. Silhouette basse à pleine charge, le bateau est divisé en compartiments, aéré pour chasser les gaz inflammables; la machinerie et la cheminée sont repoussées à l'arrière pour éviter tout risque d'incendie par flammèches. Mais si la silhouette n'a guère changé depuis trente ans, les tonnages ont considérablement augmenté. Cette flotte n'est utilisée que dans les voyages aller. On a essayé, pour abaisser les prix de revient, d'utiliser les voyages retour pour le transport des minerais. Mais outre les problèmes techniques posés par ce double emploi, les tankers-minéraliers ne sont guère utilisés, car les pays sous-développés qui vendent du pétrole et qui n'ont pas d'industrie lourde n'offrent pas de débouchés aux cargaisons de minerais.

Le stockage nécessite également des installations spécialisées correspondant, pour le brut, à la cargaison d'un ou de plusieurs bateaux ravitailleurs, pour les produits raffinés, à la cadence des débouchés. Si la raffinerie se trouve dans une région de production, on a la ressource de refouler le pétrole dans les puits. Réservoirs cylindriques, hémisphériques aplatis, sphériques perchés sont, avec les kilomètres de tuyauterie, un des aspects courants de goulots d'étranglement du pétrole. Tout n'est pas dit au sujet du pétrole. L'industrie moderne pourrait fort bien fabriquer du pétrole sans avoir recours au pétrole brut.

On peut aussi fabriquer du pétrole à partir du charbon. Le charbon étant essentiellement formé de carbone et le pétrole, de carbone et d'hydrogène, il suffisait de combiner l'hydrogène au carbone. Mais ce n'était pas aussi facile qu'il le semblait et il fallut attendre qu'un chimiste et industriel allemand appelé Friedrich Bergius créât la première méthode industrielle de synthèse des carburants par hydrogénation catalytique du carbone en phase liquide, vers 1921. Le procédé appelé berginisation est un procédé d'hydrogénation par l'hydrogène à haute pression, vers 400° C, avec catalyse par l'oxyde de fer des hydrocarbures lourds, des goudrons, houilles et lignites, pour les transformer en hydrocarbures légers. On a depuis ce temps perfectionné la berginisation, mais elle demeurait toujours plus coûteuse que l'extraction du pétrole naturel. La berginisation serait particulièrement avantageuse aux pays industriels riches en charbon et pauvres en pétrole. Devant la montée en flèche des prix du pétrole brut et de la dépendance des pays industriels, ceux-ci ont étudié de nouveau le rentabilité de la berginisation. L'Union sud-africaine entre autres a mis sur pied une usine-pilote qui a été détruite par une explosion en 1975. Une berginisation éprouvée et rentable, simplifiée et facile à opérer, redonnerait aux anciens pays houillers l'importance qu'ils avaient acquise au 19e siècle, reléguant du même coup au second plan les zones pétrolières marginales. Le danger existe toujours pour les pays arabes qui ne perdraient peut-être pas tout, mais feraient certainement moins de profits qu'ils n'en avaient escomptés, ralentissant ainsi leur croissance économique. La berginisation n'est d'ailleurs pas le seul moyen de fabriquer du pétrole.

A Pittsburg, aux Etats-Unis, on a réussi à fabriquer du pétrole brut à partir des ordures organiques comme le fumier, les ordures ménagères, les déchets végétaux ou la vase d'égouts. La recette est simple et le pétrole est obtenu en 20 minutes. On place ces déchets dans un immense chaudron, on chauffe à 382° C et à une pression de 85 kilogrammes au centimètre carré. Le pétrole qui coule de cette marmite possède 75 p. 100 des qualités du pétrole naturel, il fournit 3 fois plus de calories à égalité de poids que le fumier sec utilisé par certaines populations comme combustible domestique. L'installation qui réalise cette transformation pollue très peu, car le taux de soufre rejeté dans l'atmosphère n'est que de 0,35 p. 100, soit 10 fois moins que la moyenne des installations industrielles classiques brûlant du pétrole naturel. Il reste à effectuer des études de rentabilité, mais l'enjeu en vaut vraiment la peine, si on calcule que les déchets organiques des Etats-Unis pourraient ainsi suffire à 50 p. 100 environ de la consommation annuelle de pétrole de ce pays et le débarrasser d'un partie des détritus qui polluent son environnement.

L'avenir du pétrole

Le refus d'accepter le milieu naturel comme la condition fixe et finale de l'existence humaine avait tout d'abord apporté sa contribution à l'art et à la technique. A partir du XVIIe siècle, cette attitude devint obligatoire, et l'homme dut se tourner vers la technique. Les machines à vapeur chassèrent les chevaux, le fer et le ciment chassèrent le bois, les teintures à l'aniline remplacèrent les teintures végétales, et ainsi de suite, avec parfois une interruption. Quelquefois, le nouveau produit avait une supériorité pratique ou esthétique sur l'ancien: par exemple, la supériorité infinie de la lampe électrique sur la chandelle. Quelquefois, sa qualité était inférieure: la rayonne est inférieure à la soie naturelle. Mais, en tout cas, il fallait créer un produit équivalent ou une synthèse telle que le produit ou le travail nécessaire à sa fabrication ne soient plus subordonnés aux variations et aux irrégularités organiques toujours incertaines. Souvent, la connaissance sur laquelle on basait le remplacement était insuffisante et les résultats désastreux. L'histoire du dernier millénaire abonde en exemples de triomphes mécaniques et scientifiques apparents, qui furent vains. Il suffit de mentionner la saignée en médecine. Le fait est que l'invention était devenue un devoir et que le désir d'utiliser les nouvelles merveilles techniques ne fut pas le moins du monde guidé par le sens critique. Les gens admettent que les inventions sont bonnes, qu'elles leur procurent ou non des avantages. Le bien était précisément ce qui résultait de la machine. L'invention mécanique, plus encore que la science, répondait à une foi amoindrie et à un élan vital chancelant. Les énergies flottantes des hommes, après s'être épanouies dans les prairies et les jardins de la Renaissance, chantèrent dans des grottes et des cavernes, puis furent converties en chute d'eau sur une turbine. Elles ne pouvaient plus étinceler, rafraîchir, revivifier et enchanter. Elles étaient domestiquées, dans un but étroit et défini: mouvoir des roues et multiplier la capacité de travail de la société. Vivre, c'était travailler. En effet, quelle autre vie les machines auraient-elles pu connaître? La foi avait trouvé un nouvel objet: non pas déplacer les montagnes, mais déplacer les engins et les machines. Le pouvoir, l'application du pouvoir au mouvement, du mouvement à la production, de la production au profit, ce qui permettait d'accroître encore le pouvoir: tels furent les dignes objectifs qu'une habitude d'esprit mécanique et un mode mécanique d'action proposèrent aux hommes. Tout le monde reconnaît qu'on doit mille instruments salutaires à la technique nouvelle. Mais depuis le XVIIe siècle, la machine s'est substituée à la religion. Or, une religion vivante n'a pas besoin d'être justifiée par l'efficience. La religion de la machine dut s'appuyer sur les faits transcendants qu'elle supplanta.

La nécessité de l'invention devint un dogme et le rituel de la routine mécanique devint l'élément déterminant de la foi. Au XVIIIe siècle, des sociétés mécaniques furent créées pour propager la foi avec le plus grand zèle. Elles prêchaient l'évangile du travail, la foi en la science mécanique et le salut par la machine. Sans l'enthousiasme, le zèle apostolique des chefs d'entreprises, des industriels, des ingénieurs et même des mécaniciens, depuis le XVIIIe siècle, il serait difficile d'expliquer le flot des convertis et le rythme accéléré des progrès mécaniques. Les méthodes impersonnelles de la science, les dures contraintes de la mécanique, les calculs rationnels des utilitaires, tout cela accaparait l'émotion, d'autant plus que le paradis du succès financier était au bout.

Même en tenant compte du raccourci qu'entraîne la perspective historique, on ne peut méconnaître l'accélération entre 1700 et 1850. La technique s'était emparée de l'imagination, les machines et leurs produits semblaient également désirables. Si certaines inventions ont fait beaucoup de bien, un grand nombre ne tinrent aucun compte du bien. Si la sanction de l'utile avait été le but suprême, l'invention aurait progressé plus rapidement dans les domaines où les besoins humains étaient les plus aigus: nutrition, logement, vêtement et transport. Le pétrole répond et répondra justement à ces besoins humains et devient par là irremplaçable. Il sera encore plus indispensable demain qu'aujourd'hui, parce que ses usages se multiplient au fur et à mesure que les besoins s'accroissent.

L'une des pénibles particularités de la terre est la répartition inégale du soleil, de l'eau et du sol arable. La terre est mal nommée, puisqu'elle est formée à 70 p. 100 d'océans, de lacs et de rivières. Le désert en occupe 15 p. 100; il s'étend lentement, mais sans répit, détruisant tout sur son passage. Le reste de la surface terrestre consiste pour beaucoup en roche, en glace, en sol assez bien arrosé de pluie, mais manquant de soleil pour la saison de végétation, ou en sol non désertique mais trop aride pour donner des récoltes passables. Même la bonne terre arable, rare et précieuse, est trop souvent mal exploitée, par ignorance ou indifférence. Pour nourrir les affamés, il faudra de quelque façon corriger le déséquilibre de la nature. Tout cela paraît bien loin de l'industrie pétrolière, mais à tort. Le pétrole donne des paillis qui utilisent au maximum la lumière solaire restreinte, accélèrent la germination et diminuent l'évaporation; des revêtements d'asphalte ou de plastique contre les pertes d'eau précieuse dans les canaux et réservoirs; des engrais qui enrichissent le sol et des pulvérisations qui enrayent le progrès des sables. L'homme combat l'ensablement depuis des siècles par des moyens rudimentaires: brise-vent, clôtures, claies de branchages, herbes mortes et broussailles. Mais il perd toujours du terrain. Dans plusieurs régions, le sable progresse encore, étouffant vignobles, fermes et forêts, même des villages. Des déserts seraient pourtant cultivables, si on pouvait les mater assez longtemps pour que les plantes s'établissent. Même où la pluviosité est faible, le sable peut retenir assez d'eau à plusieurs centimètres sous la surface pour soutenir la croissance mais, dans les circonstances ordinaires, la plante n'a pas l'ombre d'une chance. Le vent brûlant du désert met à nu les racines, arrache le feuillage, sème la mort.

On avait connu la Libye et ses tempêtes de sable pendant le second conflit mondial et on avait remarqué que la pluie immobilisait temporairement les sables. Ne pourrait-on pas produire un liquide plus durable pour agglomérer les particules sableuses et donner aux plantes la chance de s'établir? On savait aussi en industrie pétrolière que les foreurs du Proche-Orient pulvérisaient parfois de l'huile autour de leurs installations pour se protéger temporairement des tempêtes de sable. Ne pourrait-on pas adapter cette technique à l'agriculture? Les chercheurs formèrent des dunes minuscules en laboratoire, les arrosèrent de diverses huiles et les éprouvèrent dans des tunnels aérodynamiques. Le sable témoin se laissa entraîner par les vents de 10 km à l'heure, mais le sable traité résista aux bourrasques de 40 km. Le rôle que joue le paillis d'origine pétrolière dans les sols insuffisamment pourvus d'eau ou de soleil peut être aussi important pour l'agriculture, même s'il est moins saisissant que la floraison soudaine du désert. Ce paillis a été découvert par accident, trois années environ avant les essais de stabilisation des dunes. Après des essais en laboratoire nettement prometteurs, le paillis bitumineux connut un franc succès aux champs pour certaines cultures, dans des secteurs du sud des Etats-Unis. L'application s'est effectuée à l'aide de machines spéciales qui ameublissaient le sol tout en pulvérisant une bande ininterrompue de 10 à 25 cm de largeur, parfois quatre bandes à la fois. Le paillis bitumineux résista au vent et à la pluie de 4 à 10 semaines, facilement traversé par les jeunes plants. Comme il absorbait plus de soleil que la terre nue et pouvait réchauffer le sol de 8° C, il accélérait d'autant la germination et la croissance. Il diminuait aussi l'évaporation, l'érosion et l'appauvrissement minéral et chimique du sol par lessivage. Dans les essais aux champs, cette méthode nouvelle donna des récoltes plantureuses. Voici quelques augmentations obtenues au regard des rendements normaux: haricots, 15 p. 100; maïs sucré, 10 p. 100; carottes, 45 p. 100; oignons, 60 p. 100; laitue, 30 p. 100; navets et radis, 40 p. 100; cantaloups, 15 p. 100; melons d'eau, 20 p. 100; courges, 35 p. 100. Après la récolte, on enfouissait sans danger le paillis dans le sol. Dans d'autres expériences, les chercheurs établissent une pellicule bitumineuse à quelques centimètres sous la surface pour retenir l'eau au niveau des racines. On met également à l'essai, contre l'érosion, d'autres dérivés du pétrole: le polypropylène et le polyéthylène, en filaments, filets et pellicules. Ainsi, sur le littoral du New Jersey, on pose entre des piquets du filet de polyéthylène pour créer des dunes et diminuer le mouvement des sables. Sensiblement de même coût que la clôture à neige en lattes, le filet forme les dunes deux fois plus vite. Ailleurs, on étend le filet sur les pentes ensemencées pour protéger le sol du ruissellement.

De toutes ces nouvelles pratiques d'amélioration des sols, le paillis bitumineux est la plus répandue. Vingt-quatre pays européens, méditerranéens, asiatiques et latino-américains en ont fait l'essai. Il est très utile pour les cultures de fort revenu dans les régions fraîches et sèches bien baignées de soleil, où on peut mettre à contribution sa propriété de retenir l'eau et d'absorber la chaleur pour réchauffer le sol, et où les profits en justifient le coût. En l'absence de telles conditions, il n'est pas pratique. Le pétrole a aussi son rôle dans l'alimentation des plantes, ici comme ailleurs. Selon les expériences, l'engrais chimique, produit bien prosaïque pour le profane, assure des hausses sensationnelles de rendement, sans autre modification des pratiques agricoles. L'augmentation a été de 73 p. 100 pour le blé en Turquie, de 91 p. 100 pour l'orge au Maroc, de 52 p. 100 pour le riz au Ghana, de 93 p. 100 pour les fèves en Equateur, de 120 p. 100 pour le maïs au Honduras. Grâce à l'engrais chimique, les cultures luttent mieux aussi contre la sécheresse.

L'agriculture peut tirer parti non seulement des produits chimiques qui favorisent la croissance, mais de ceux qui la contrecarrent. L'un des meilleurs inhibiteurs est l'herbicide Atrazine, mortel pour toute plante, sauf le maïs et la canne à sucre. Qu'on l'applique à un champ de maïs et il n'y reste bientôt plus que cette espèce. Mais, récemment encore, l'Atrazine n'avait pas pareille efficacité. Vu l'insolubilité de cet herbicide à l'eau, son émulsion séjournait simplement sur les mauvaises herbes; sans être absorbée par elles, en effet, l'Atrazine ne peut agir. L'Atrazine qui atteint le sol peut être efficace si une pluie subséquente l'y fait pénétrer mais, dans les régions du maïs, la pluie coïncide avec l'époque du semis; une fois que s'est déclenchée la croissance (des mauvaises herbes comme du maïs) il survient d'ordinaire une longue période sèche. Les mauvaises herbes concurrencent alors le plus vigoureusement le maïs et causent les plus grands dégâts, alors que l'Atrazine à sec sur le sol demeure inefficace. Ainsi en fut-il de l'Atrazine jusqu'au moment où on songea à la mettre en suspension dans une huile non toxique. Ainsi, l'huile maintiendrait l'herbicide plus longtemps sur la feuille, dont elle traverserait la cuticule cireuse pour acheminer l'Atrazine au cœur de la mauvaise herbe. Les rendements ont augmenté de façon encourageante, mais l'Atrazine ne se borne pas à accroître le rendement: elle accélère et facilite la récolte en éliminant les mauvaises herbes qui peuvent causer des pannes de machinerie.

Le problème mondial de l'eau et du sol consiste, en partie,

à conserver la pluie qui tombe. Les revêtements bitumineux que l'homme applique depuis longtemps aux bassins collecteurs étaient épais et coûteux. Mais la recherche a produit une pellicule bitumineuse mince et résistante, dont on peut revêtir à coût modique des centaines de kilomètres carrés pour recueillir et conserver la pluie. Dans une région où il tombe 35 cm de pluie par année, un bassin collecteur de 10 km sur 15 ainsi revêtu peut capter plus de 20 milliards de litres d'eau, assez pour une ville de 50 000 habitants. Ces bassins captent et retiennent 60 p. 100 de la pluie contre 3 p. 100 pour les surfaces non traitées. L'eau recueillie peut abreuver les bovins sans être purifiée. Moyennant un léger traitement, elle conviendrait à l'homme. Les bassins pourraient redonner vie à des parties du monde où l'eau pure est trop éloignée ou trop profonde pour y être transportée ou pompée économiquement. En plus des bassins collecteurs et réservoirs, pourquoi ne pas revêtir ainsi les canaux d'irrigation qui, à certains endroits, perdent assez d'eau par infiltration pour rendre bourbeux et inutilisable le sol adjacent?

Ainsi la steppe irriguée par l'Indus recouvre la majeure partie du Pakistan. Dans ce réseau d'irrigation de 15 millions d'hectares, le plus vaste au monde, l'infiltration d'ampleur catastrophique prive les cultivateurs d'un demi-million d'hectares chaque année. Dans l'Inde et le Pakistan, surpeuplés et toujours au bord de la famine, une telle perte peut faire la différence entre la vie et la mort. La recherche pétrolière met à l'essai divers matériaux pour retenir l'eau précieuse et protéger les terres voisines. Comme l'eau coule, il faut un produit plus résistant que le revêtement des bassins. On veut aussi utiliser le pétrole pour créer de la pluie. Le principe est assez simple. On enduit de bitume des terres arides, d'ordinaire en région côtière. Le bitume absorbe la chaleur solaire et sa température dépasse de 5 à 10° C celle du sol voisin, comme dans une rue ou un terrain de stationnement. Le courant d'air chaud ascendant ainsi produit soulève les vents humides au-dessus des eaux. Par condensation, il se forme des nuages qui font alors retomber la pluie au fil du vent à l'écart du bitume. Confirmée dans les essais en petit et étayée par les ordinateurs, la théorie sera bientôt éprouvée sur une grande échelle. Elle trouve un large appui dans les sciences naturelles et les réalisations de l'homme. Des masses de nuages se créent couramment sous le vent sur les rives des Antilles et des îles du Pacifique. De grands feux de forêt et des bombes incendiaires de guerre ont suscité des courants d'air ascendants et provoqué ainsi des tempêtes. Les grandes villes, véritables îlots de chaleur, et les très grosses usines s'associent souvent à une pluviosité locale plus forte. Les montagnes, en contraignant l'air chaud à s'élever par-delà leurs crêtes, produisent des nuages. En d'autres termes, l'homme est peut-être capable de fabriquer de la pluie à un coût moindre que le dessalage de l'eau de mer ou la canalisation de l'eau douce des rivières. Ce pourrait bien être la merveille pétrolière par excellence: le pétrole des profondeurs travaillant de concert avec le soleil à ramener la pluie sur terre pour nourrir et abreuver le monde affamé.

Devant les terribles famines qui firent périr 10 millions de personnes au Bengale en 1769 et 1770, Thomas Malthus a prévenu l'humanité qu'elle croissait plus vite que la somme de ses subsistances et qu'elle courait à la catastrophe. Cette mise en garde de 1798 était prématurée car, même si les famines ont continué comme elles le font encore dans les régions les plus peuplées de la terre, l'homme a étendu ses ressources alimentaires. Par la mise en valeur de territoires nouveaux dans l'hémisphère occidental et par de meilleures méthodes agricoles, non seulement l'humanité a-t-elle survécu, mais la population mondiale est passée de 800 millions au temps de Malthus à 4 milliards aujourd'hui. De nos jours, il semble que l'humanité croisse de nouveau plus vite que ses subsistances alors qu'il n'existe plus de régions à découvrir. On prévoit que la population va doubler pour atteindre 8 milliards au tournant du siècle, à moins que des mesures soudaines ne tempèrent l'expansion démographique.

A l'heure actuelle, un homme sur deux ne mange pas comme il se doit et la population grandit plus rapidement que la production de vivres dans les pays en voie de développement. Selon l'Organisation des Nations unies pour l'alimentation et l'agriculture (FAO), environ 60 p. 100 des habitants des régions en voie de développement, où vivent les deux tiers des humains, ont une alimentation insuffisante. Dans ces pays, selon l'UNICEF, la mortalité entre un et quatre ans est de 35 par mille habitants contre un par mille dans les pays développés. On attribue la différence à la malnutrition, principalement à la carence protéique.

Les protéines se composent d'acides aminés nécessaires à l'organisme humain et on les trouve à un certain degré dans presque tous les aliments. Mais toutes n'offrent pas ces acides aminés de façon suffisamment équilibrée. Huit acides aminés s'imposent à la croissance normale, mais la plupart des protéines végétales courantes ne les renferment pas dans l'équilibre voulu. Comme les légumes feuillus sont pauvres en deux acides aminés essentiels, il est presque impossible à l'homme de consommer assez d'un de ces légumes pour combler ses besoins minimaux d'acides aminés. Les protéines animales (viande, poisson, lait, œufs, etc.) fournissent tous les acides aminés nécessaires, mais l'approvisionnement de viande rouge, de poisson et de volaille ne peut être accru suffisamment vite pour satisfaire les besoins protéiques immédiats du monde et leur coût est hors de portée de bien des gens, surtout dans les pays en voie de développement.

Ces pays, pour répondre à leurs besoins alimentaires d'ici 1985, doivent connaître un accroissement annuel composé de 4 p. 100 dans leur production de vivres. Or, signalait-on, la plupart n'augmentent leur production de vivres que de 3 p. 100 par année. Le sol arable suffirait à bien nourrir 10 milliards de bouches si on l'exploitait à fond, irrigation et fertilisation à l'appui, mais c'est une chose qu'on ne peut réaliser en un jour. De nouvelles sources de protéines de qualité supérieure s'imposent donc pour répondre aux besoins du globe, et on en découvre. L'une des plus prometteuses est la riche protéine qu'on peut tirer du pétrole.

Des laboratoires et usines expérimentales de divers pays sont à mettre au point ce produit, fine poudre blanche inodore et de douce saveur qui regorge de protéines. On pourrait dire que ce mode de production alimentaire est le plus rapide au monde. Pour produire du bœuf, il faut servir aux bovins des protéines végétales, dont 40 à 80 p. 100 sont perdues en cours de transformation, et l'élevage prend environ deux ans. Quand on nourrit des micro-organismes à l'aide d'hydrocarbures d'origine pétrolière, il faut un demi-kilo de matière nutritive pour obtenir un kilo d'aliment, formé à 70 p. 100 environ de protéines. Et la production prend quelques heures à peine. On sait depuis longtemps que des micro-organismes comme les levures peuvent se nourrir d'hydrates de carbone, notamment ceux de la mélasse, du petit-lait et de la liqueur sulfitique (sous-produit des papeteries), et en assurer la fermentation. De même font les bactéries. Ainsi la fabrication d'aliments comme le fromage, la choucroute et le yogourt repose sur la fermentation et beaucoup des micro-organismes se retrouvent dans le produit fini. Toutefois, la création de levures et de bactéries en vue de produire de la protéine avec des matières hydrocarbonées comme la mélasse n'a jamais piqué vraiment l'imagination des chercheurs, car ces hydrates mêmes servent d'aliments. Mais le chercheur s'est passionné pour des substances abondantes dans la nature et très apparentées aux hydrates de carbone: les hydrocarbures des gisements pétrolifères. Les hydrates de carbone se composent de carbone, d'hydrogène et d'oxygène; les hydrocarbures, seulement des deux premiers. Puisque les micro-organismes peuvent se nourrir d'hydrates de carbone et s'y multiplier, ne feraient-ils pas de même avec les hydrocarbures si on leur fournissait l'oxygène à part? La possibilité technique de cultiver les micro-organismes sur des substrats d'hydrocarbures est reconnue depuis des années, mais il y a peu de temps qu'on s'attache sérieusement à utiliser ces micro-organismes en alimentation. Même s'il faut employer des types choisis d'hydrocarbures, la matière première est presque illimitée. Les quantités nécessaires pour combler les pénuries actuelles et prévues de protéines représentent une part infime de la production annuelle de pétrole brut du globe. Il s'agit d'une protéine très bien équilibrée, supérieure en valeur nutritive à celle de la plupart des céréales et légumes et rappelant de près les protéines animales.

La méthode de production de la protéine à compter des hydrocarbures diffère faiblement d'un groupe de chercheurs à un autre. Certains utilisent les levures, d'autres les bactéries. De même les hydrocarbures employés diffèrent avec les méthodes. On fournit aux micro-organismes producteurs de protéines un produit pétrolier très raffiné. C'est un extrait pur de kérosène, de goût et d'odeur peu prononcés. Cette substance nutritive chimiquement pure donne un produit à saveur et à senteur neutres au terme de la fermentation. D'autres méthodes mettent à contribution un gas-oil lourd et, bien que les micro-organismes se montrent très particuliers dans le choix des fractions du pétrole qu'ils consomment, il faut ensuite enlever à la protéine son goût et son odeur. Les enzymes des bactéries peuvent modifier la composition de certaines fractions du pétrole. Il est possible de séparer ces enzymes des bactéries et d'en utiliser la portée catalytique sur les composants chimiques du pétrole, mais les chercheurs trouvent plus simple et plus efficace d'employer les bactéries. Au cours de ces recherches, les savants ont remarqué que les micro-organismes consommaient le produit pétrolier dans certaines conditions et que les bactéries abondaient en protéines. On a dès lors essayé tour à tour plus de 1 000 espèces de bactéries et levures pour trouver les micro-organismes capables d'utiliser les hydrocarbures pour donner la meilleure protéine. Ceux qui utilisent les hydrocarbures sont en nombre restreint et leur composition en acides aminés est diverse. Jusqu'ici, c'est dans le sol voisin des entrepôts de pétrole qu'on a trouvé les micro-organismes les plus efficaces. Dans ce sol gorgé de pétrole, les chercheurs ont isolé des micro-organismes adaptés naturellement aux hydrocarbures. En laboratoire, la fermentation a lieu aux températures normales dans un baril de verre rempli d'une eau blanchâtre où l'air barbote sans cesse. Un technicien vérifie les cadrans qui révèlent la température et le débit de substances nutritives dans les multiples canalisations reliées au baril.

Dans l'eau, croissent et se multiplient les bactéries qui produisent la protéine à une vitesse sans précédent. Selon des calculs théoriques, un microbe monocellulaire d'un millionième de gramme pourrait, s'il avait l'espace et la nourriture voulus, produire une masse environ 4 000 fois plus lourde que la terre en 48 heures. Les bactéries adoptées pour ces recherches se nourrissent de carbone, d'hydrogène, d'oxygène, d'azote et d'une douzaine de composés minéraux, tels les sels de sodium, de phosphore, de calcium et de magnésium. Tout est servi aux bactéries dans une chambre de fermentation, en des quantités réglées. Les minimes quantités de sels inorganiques nécessaires sont ajoutées à l'eau. L'hydrogène et le carbone sont fournis par un hydrocarbure très raffiné et l'azote par l'ammoniaque, alors que l'oxygène provient de l'air. Pour que les bactéries utilisent à fond l'hydrocarbure, les chercheurs ont constaté qu'il faut les laisser dans la chambre tout juste le temps voulu. Après la fermentation, on peut isoler les cellules à la centrifugeuse et les stériliser, après quoi on obtient par dessiccation le produit fini, fine poudre blanche à 70 p. 100 de protéines. Non seulement le produit est-il nourrissant, mais on peut le fabriquer industriellement en n'importe quelle quantité sans se soucier des facteurs qui font fluctuer depuis toujours l'approvisionnement de vivres. La disponibilité de terre arable et les caprices du temps n'ont plus ici d'importance. On peut bâtir n'importe où dans le monde une fabrique de protéine monocellulaire, car son approvisionnement en hydrocarbures ne pose pas de problème technique. Les fabriques demandent peu de main-d'œuvre et on peut régler exactement leur production selon les besoins, chose impossible en agriculture.

Il existe nombre de solutions possibles à la pénurie mondiale de protéines. La protéine monocellulaire en est une, mais elle n'est pas unique. La solution la plus manifeste, mais aussi la plus graduelle, est d'augmenter les rendements agricoles. De riches protéines comme celles du soja, du pois chiche et de certains oléagineux sont fort prometteuses comme compléments alimentaires. Mais il faut relever leur teneur en acides aminés essentiels et ces cultures sont tributaires du temps et de la disponibilité d'eau et de terre arable. L'alimentation tirée de la mer, saluée naguère comme grand espoir des millions d'affamés, ne se matérialise pas. La protéine du plancton, des algues et des herbes dont regorge la mer pose des problèmes de saveur et d'odeur. Il n'est pas encore économique d'éliminer le goût du produit et d'agir sur sa coloration verte. Le poisson, excellente source de protéines, ne nous prive pas de terrain précieux. On l'élève actuellement au Japon, de même que la crevette, dans nombre de vastes fermes.

Le concentré protéique fait de poisson entier dégraissé puis broyé offre une autre solution. C'est une poudre à environ 80 p. 100 de protéine; sa distribution en grande quantité pourrait probablement concurrencer d'autres sources de protéines supérieures. Le poisson ne fournit actuellement que 3 p. 100 de la protéine dans le monde. On ignore à quel point on pourrait augmenter l'appoint des océans sans déséquilibrer la nature. Comme le secret règne dans une certaine mesure entre les pays et les compagnies concurrentes, on ne saurait vraiment dire dans combien de temps chacune de ces sources nouvelles fournira à l'humanité la protéine dont elle a besoin. Le prix est un facteur fort important. La protéine d'hydrocarbures ne sera probablement jamais aussi peu coûteuse que les protéines inférieures provenant des céréales et des graines oléagineuses, mais on s'attend à ce que la production massive permette de concurrencer la protéine animale de haute qualité. Il serait sans doute possible d'incorporer la protéine monocellulaire à des aliments fort variés: biscuits, pain, soupes, pâtes alimentaires, céréales, etc. Plusieurs compagnies pétrolières l'ont fait à titre expérimental. Ces sources nouvelles de vivres seront chose courante dans 30 ans pour les mêmes raisons qui font la vogue des déjeuners instantanés.

Depuis des siècles, l'homme a tiré son vêtement des fibres

animales et végétales. Toile de lin, laine, coton et soie étaient tous en usage dès l'an 2 000 avant notre ère. La première fibre artificielle, la rayonne, n'apparut qu'en 1891; elle n'était d'ailleurs, qu'à demi-synthétique; elle devait compter sur les feuilles de mûrier pour sa matière première: la cellulose. La rayonne a été conçue comme substitut de la soie, que le bombyx file après s'être nourri de ces feuilles. De nos jours, on la fabrique couramment de pâte de bois. La recherche d'une fibre artificielle se poursuivait depuis le XVIIᵉ siècle. La rayonne fut un franc succès, mais les chimistes demeuraient en quête d'une fibre entièrement synthétique. Ils y réussirent en 1930. Des chercheurs de la compagnie Du Pont de Nemours, aux Etats-Unis, avaient étudié la façon dont les molécules se combinaient en des molécules géantes comme celles du coton et de la soie. Ils produisirent un nouveau genre de macromolécule, le polymère, formé de molécules reliées en chaîne. En retirant d'un récipient un échantillon à l'état fondu, un chimiste se rendit compte qu'il s'étirait comme du caramel chaud. Une fois refroidi, il devint élastique, propriété que n'avait jamais manifestée une telle substance. Après huit autres années de travail, la maison DuPont annonça la découverte de sa fibre-miracle: le nylon. Il fit son apparition sur le marché en 1938 dans les brosses à dents puis, deux années plus tard, dans les bas. En peu de temps, les fibres nouvelles se multiplièrent sur le marché, notamment le polyester, le polyacrylonitrile, le polypropylène, le polyuréthane et, au Japon, l'alcool polyvinylique. Toutes ces fibres peuvent dériver du pétrole, abondant et à l'épreuve des ennemis qui menacent la matière première des fibres naturelles: maladies, sécheresses, insectes et pénuries.

Les fibres nouvelles ont d'autres points communs: elles sont solides, durables, faciles d'entretien. Absorbant moins d'humidité que les fibres naturelles, elles sont beaucoup plus difficiles à salir (mais aussi à teindre) et elles sèchent plus rapidement. Elles résistent aux bactéries, à la moisissure et aux mites; elles sont de qualité uniforme. On peut modifier leur composition à des fins particulières, par exemple celle du nylon pour qu'il se crêpe à la chaleur; on obtient alors des plis permanents. Ces fibres ont de multiples applications. Elles nous vêtent des pieds à la tête. Seules ou associées à des fibres naturelles ou synthétiques, elles se retrouvent dans les complets, pantalons, chemises et imperméables des hommes; dans les robes, vêtements de sport, chemisiers, blouses, costumes, jaquettes, bas et lingerie des femmes. Chaussures et coiffures en renferment, et certains éléments des nouveaux vêtements de papier (robes de mariage et maillots de bain) sont renforcés de fibres synthétiques. L'industrie offre aussi un autre grand débouché aux fibres synthétiques: entoilage des pneus, tuyaux, bâches, câbles, filtres, courroies. Elles s'emploient largement dans les rideaux, housses, draps, couvertures et tapis. On bourre les oreillers, édredons et sacs de couchage de fibres qui causent beaucoup moins d'allergies que les fibres naturelles. A ces diverses fins, on a d'habitude le choix de plusieurs fibres. Ainsi le câble peut être de polyéthylène, de polypropylène, de polyester et de nylon. Mais chacune de ces fibres a son ensemble particulier de propriétés qui l'adaptent à tel usage mieux qu'à tel autre. Le nylon s'impose par sa solidité. Sous certaines formes, il est plus solide que l'acier, à poids égal; il est plus durable et imperméable que les fibres naturelles. Le nylon caoutchouté s'emploie dans les barrages soufflés et les vaisseaux dégonflables en forme de cigares qui acheminent le pétrole par voie d'eau. Le nylon est également renommé comme la fibre synthétique qui se prête aux usages les plus divers. Dans les années 40, on l'a affecté aux parachutes, tenues de combat, tentes, bas et intérieurs de voitures. Ses applications se multiplient sans cesse, depuis lors.

Après la nourriture et le vêtement, l'homme a surtout besoin d'un toit. Et celui-ci, le plus souvent, dérive du pétrole. Si le repas de dérivés du pétrole n'est pas tout à fait pour demain, il y a des générations qu'on vit entouré de produits de l'industrie pétrochimique. Les applications des produits tirés du pétrole dans la construction des maisons sont aujourd'hui extrêmement nombreuses, des vaporifuges disposés sous les fondations jusqu'aux bardeaux des toitures. Même dans les demeures les plus conventionnelles, les plastiques dérivés du pétrole se retrouvent dans les portes, fenêtres, murs, plafonds, planchers, toits, fils et câbles électriques, installations sanitaires et de chauffage. L'industrie du bâtiment est peut-être le plus gros client de l'industrie pétrochimique. Selon une estimation, de 20 à 30 p. 100 de la production pétrochimique vont aux matériaux de construction. La preuve en est faite, on peut fabriquer des unités de maçonnerie en moulant et en traitant à la chaleur un mélange précis de sable, d'argile et d'un liant tiré du pétrole. Les blocs aux formes traditionnelles ainsi produits coûtent moins cher que ceux de béton. Appelés unités de maçonnerie par leurs inventeurs, ces blocs et les briques de même nature peuvent être installés de la façon habituelle au mortier et à la truelle, mais on peut utiliser une colle appliquée au rouleau qui accélère le travail. Aujourd'hui, aux dernières phases de leur mise au point, ces blocs sont plus solides et résistent mieux aux gels et dégels que ceux de béton; non poreux, ils sont si lisses qu'il suffit d'une couche de plâtre pour finir l'intérieur du bâtiment. Les problèmes sont sans doute frustrants, mais leur solution peut en valoir la peine, vu l'importance énorme des matériaux de plastique dérivés du pétrole dans l'industrie du bâtiment. Leur légèreté est leur premier avantage sur les matériaux conventionnels. On a construit récemment au New Jersey un immeuble à bureaux de quatre étages dont les murs sont d'aluminium et de plastique renforcé de verre. Ces murs l'emportent de 50 p. 100 sur les fenêtres à double vitrerie pour conserver la chaleur; ils laissent pénétrer une douce lumière dans les bureaux, le jour, et leur aspect est saisissant, la nuit, quand l'intérieur est éclairé. La légèreté des plastiques permet d'ajouter aux édifices des étages que la charpente ne pourrait tolérer s'ils étaient de brique et de mortier. Les plastiques résistent à plusieurs substances qui corrodent les autres matériaux. Ils ne peuvent pourrir et se rient des insectes. On peut les colorer de part en part. Certains gardent leur couleur en permanence, mais il reste beaucoup à faire dans ce domaine. Même quand le plastique se décolore, il le fait peu à peu et uniformément, non pas par plaques. Et que dire du vinyle! Le vinyle offre à la peinture une surface idéale, sans jamais de cloquage. Un bungalow peut reposer sur des poutres et poteaux vinyliques creux formés par extrusion, mis en place dans des ouvertures de la fondation, puis remplis de béton. Après la prise du béton, poutres et poteaux donnent une charpente monopièce à laquelle une équipe fixe une toiture de panneaux vinyliques extrudés. Les murs sont constitués d'un matériau de vinyle et de polyester renforcé de verre sur une mousse rigide servant d'isolant et d'ignifuge, livré en bande continue de 2,4 mètres de largeur correspondant à la hauteur de la charpente. Sur place, il suffit aux ouvriers de tailler le matériau à la longueur voulue pour la pièce à renfermer, puis de loger ce mur dans des retraits de la charpente. Pour portes et fenêtres, on découpe simplement les orifices aux endroits désirés. Les murs sont assez rigides pour qu'on n'ait pas à poser de cadre aux fenêtres et portes;

on visse directement celles-ci aux murs en utilisant des charnières, poignées et fermetures de plastique. Certains des articles d'aménagement intérieur sont aussi de plastique. Ainsi les éviers sont de polyamide, aussi lisse que l'émail vitrifié, moins coûteux que l'acier inoxydable et plus insonore que les deux. Les tiroirs de cuisine en polystyrène sont fabriqués à l'atelier; de fait, on les a créés avant la cuisine, conçue, elle, pour tirer le meilleur parti des tiroirs produits en série.

On a construit ailleurs d'autres maisons entièrement en plastique, ou presque. On fait usage des plastiques d'une trentaine de façons, des plus ordinaires (isolants des fils et câbles) aux plus inédites (portes translucides en pièces creuses extrudées de chlorure de polyvinyle, rassemblées dans un bâti de bois). La toiture est en panneaux de paille traités à la résine formol-urée, reliés par un ruban de chlorure de polyvinyle et pulvérisés d'une solution de copolymère vinylique. Le tout repose sur une charpente de bois. La mousse de plastique, si frêle d'apparence, est très solide lorsque les couches où on l'intercale sont assez rigides. Cette méthode sied particulièrement aux toitures cintrées, et en pointe, de même qu'à celles en dents de scie, si populaires de nos jours. Contre les fuites des fondations, il fut un temps où il fallait, à grands frais, déterrer la maison jusqu'à la base de la fondation, enduire les murs d'asphalte, puis creuser un fossé tout autour du bâtiment et y disposer un drain pour éliminer toute accumulation d'eau. Il suffit désormais d'un produit époxydique d'étanchéité appliqué en deux phases pour freiner toute infiltration à travers murs ou plancher. On peut en revêtir l'intérieur des murs du sous-sol et tout est dit. Dans bien des maisons nouvelles, on double d'une feuille de polyéthylène l'extérieur des murs de fondation et il n'est jamais question de fuite.

Les mousses de plastique regorgent de promesses pour l'isolation. La plus remarquable est la mousse d'uréthane, produit dérivé du toluène. Jusqu'à ces derniers temps, elle servait surtout aux minces parois, notamment des réfrigérateurs et congélateurs, mais elle passe maintenant à l'isolation des maisons. Elle a deux à trois fois la valeur isolante de la laine de verre et près de deux fois celle du polystyrène; le constructeur en utilise donc moins pour assurer une même isolation.

Les colles pétrochimiques revêtent une importance énorme dans l'industrie du bâtiment. Elles en fixent déjà bien des éléments: contre-plaqué, dessus d'armoires, carreaux de parquets et de murs. Les colles phénoliques de butyle-caoutchouc peuvent fixer les panneaux aux colombages, à la maçonnerie ou au plâtre, et retenir si fermement le sous-plancher aux solives qu'il ne grince jamais plus. Des colles à base de pétrole peuvent même servir à fabriquer les solives; à l'aide de colles d'élastomère styrène-butadiène, on peut en former de plus solides que les solives ordinaires avec des bouts de bois de 5 cm sur 10 et des morceaux de contre-plaqué. La même colle peut rattacher les carreaux aux murs ou plafonds, fixer les glissières métalliques de rideau de douche et retenir les seuils au plancher. Le pétrole donne des colles si fortes que le bois se déchire avant qu'elles cèdent, et certaines nouvelles résines époxydiques peuvent coller à peu près n'importe quelles substances entre elles.

Même pour des matières aussi prosaïques que le composé à calfeutrer, sorte de mastic pour bloquer les fissures contre les courants d'air et infiltrations, le constructeur peut compter sur des dérivés du pétrole. Le composé à calfeutrer de butyle-caoutchouc polymérisé demeure souple de 10 à 15 ans et un nouveau composé au polysulfure, au moins 15 ans, alors que les produits ordinaires se dessèchent et se fendillent au bout d'une année ou deux.

Dans les peintures et finis, la pétrochimie fait merveille. Les peintures à base de caoutchouc qui mettent à profit le styrène-butadiène sont imperméables, mais on peut laver ses pinceaux sous le robinet. Il existe des peintures extérieures vinyliques et acryliques qui respirent, laissant échapper l'eau prisonnière qui fait cloquer les peintures ordinaires. Des vernis acryliques, d'alkyde ou de pyroxyline sont si solides qu'on peut s'y promener en patins à roulettes sans les endommager. Les peintures à base de polyéthylène chlorosulfoné sont absolument à l'épreuve du soleil et des intempéries, résistent aux oxydants, à l'abrasion et à la décoloration, demeurent souples aux basses températures, peuvent supporter jusqu'à 150° C, adhèrent au caoutchouc, au métal et au bois, et gardent très longtemps leur élasticité. Une entreprise serait à mettre au point une peinture à base de fluorure de polyvinyle qui durerait 30 ans. Il existe même une peinture qui retarde le progrès des flammes en moussant à la chaleur pour former une couche isolante de cellules spongieuses et fermes. De coût élevé, elle a néanmoins sa place dans les écoles, hôpitaux et immeubles d'appartements.

Grâce à leurs propriétés étonnantes, les produits pétrochimiques se sont fermement implantés dans le monde conservateur du bâtiment, peu empressé à adopter les innovations. Tout nouveau matériau qu'offre l'industrie doit être
endossé par le propriétaire, par le constructeur et par le code
du bâtiment, et démontrer qu'il a bien le rendement qu'on
allègue. Avant d'être reconnu comme substitut ou perfectionnement d'autres matériaux en usage, même le meilleur des
matériaux nouveaux doit passer par une longue période d'essai et de démonstration. Plusieurs matériaux pétrochimiques
ont déjà conquis leur place au soleil: rubans de plastique
pour joints de toitures et solins; revêtement vinylique des
parements; vaporifuges et isolants des dalles de fondation;
panneaux de toiture (la colle des contre-plaqués); gouttières,
descentes pluviales et ventilateurs de vinyle; châssis, me-
neaux, allèges et quincaillerie des fenêtres; coupe-froid, lar-
miers et dessous de portes, sans compter les portes mêmes;
garnitures intérieures, revêtements muraux et plafonds acous-
tiques; fils et fournitures électriques; poignées de portes et
glissières de tiroirs; seuils et coiffeuses de salles de bains;
dessus d'armoires, tiroirs de cuisine, faux-planchers et carreaux de parquets, etc.

De telles réalisations peuvent donner lieu, dans l'industrie du bâtiment, à des applications des dérivés du pétrole
qui dépassent largement ce qu'on peut entrevoir actuellement
et même ce qu'on peut imaginer. Les possibilités sont considérables. Les experts s'entendent à dire que l'industrie du
bâtiment, pour répondre à la demande de menus éléments,
peut adopter les composants de grandes dimensions produits
en série. Il n'est pas question d'avoir un grand nombre de
maisons identiques, pas plus que la production des voitures
en série ne les rend toutes pareilles; on peut associer les composants d'innombrables façons. Selon les experts, cela ne veut
pas dire que la maison entièrement plastique de l'avenir,
chère aux bandes dessinées, soit pour demain. C'est qu'il reste
bien des problèmes à surmonter, telles la stabilité et la résistance au feu, et que l'homme se montre conservateur dans ses
goûts. C'est dans la production en série de composants d'habitations à coût modique que les produits dérivés du pétrole
feront leur plus grande trouée. De fait, ils n'auront de portée
véritable que sur un marché de masse, car les frais de recherche et de mise au point de grands composants plastiques
d'habitations sont si élevés au départ que le seul moyen de

comprimer les prix est la production de séries considérables de parties assemblées à l'usine.

Les pages précédentes ont souligné les traits les plus prestigieux de l'avenir du pétrole. Son utilisation pour la production de nourriture, de vêtements, de matériaux de construction et d'engrais et pour la modification du climat est passionnante et révolutionnaire. Mais, aussi attrayante et insolite qu'elle puisse être, elle n'absorbera qu'une petite partie de la production mondiale de pétrole. On estime qu'il suffirait de 2 p. 100 du pétrole mondial pour produire assez de protéines synthétiques pour satisfaire les besoins mondiaux pendant une année. Les chiffres concernant les engrais, la pétrochimie et les matériaux de construction ne sont guère plus élevés. Dans l'avenir prévisible, le débouché le plus important du pétrole restera les carburants et les combustibles. Quelle en sera l'importance? A l'échelle mondiale, le pétrole satisfera une part nettement plus grande qu'aujourd'hui des besoins énergétiques, du fait que de nouveaux pays vont connaître une période de consommation intensive. C'est une tâche complexe que de forger des plans pour affronter la demande future de pétrole, et on ne saurait le faire avec beaucoup de précision. Plusieurs facteurs variables entrent en jeu: réserves disponibles, concurrence des autres sources d'énergie, décisions gouvernementales, perfectionnements techniques, climat social et situation mondiale. Par exemple, si la consommation de pétrole par tête dans des pays où la population est dense, comme l'Inde, la Birmanie, la Chine et l'Indonésie, s'approchait un jour de celle de l'Europe et de l'Amérique du Nord, toute prévision d'aujourd'hui serait renversée.

Chez les producteurs d'énergie, l'incertitude est monnaie courante. Devant cette incertitude fondamentale, un groupe d'analystes américains pensent que les possibilités marquées de substitution rendent presque inutile de prédire l'avenir de tel ou tel combustible d'ici l'an 2000. Pour illustrer cette possibilité poussée de substitution, ils signalent qu'on peut tirer l'essence du charbon comme du pétrole. Aussi est-il difficile de formuler des prévisions en toute confiance. Face au caractère impondérable des besoins futurs, on peut certes tirer quelque parti des ordinateurs mais, au-delà de quinze ans, même l'ordinateur est dépassé. Il doit céder la place à l'imagination de l'homme, quand ce n'est pas à la boule de cristal. Celle-ci laisse entrevoir des randonnées dans l'espace et des villes sous dôme à climat bien réglé, mais considérons plutôt l'avenir immédiat, déjà excitant.

Devant l'importance actuelle du kérosène, on peut dire que l'industrie pétrolière a fait la boucle depuis les années 1860 et 1870. L'huile de roche ou pétrole ne servait alors qu'à l'éclairage et on en tirait le kérosène par distillation. Puis le moteur à combustion interne est né et l'essence a pris la vedette. Pour les voitures à essence de l'avenir, on s'attend à un léger relèvement de l'indice d'octane nécessaire, de nouveaux modèles de moteurs pourraient exiger d'autres additifs à des fins particulières et le besoin d'améliorer les huiles pour moteurs va se maintenir, même si celles d'aujourd'hui sont plus efficaces qu'on ne l'aurait cru possible il y a 20 ans. Comme la plupart des applications de l'énergie, le chauffage domestique évolue. Le charbon, naguère combustible principal, a été détrôné par l'huile peu après 1950 et celle-ci, dans certaines régions, a cédé le pas ces dernières années au gaz naturel, de coût moindre. Dans les maisons, on a tendance à régler tout le milieu: climatisation, contrôle de l'humidité et dépoussiérage, en plus du chauffage. L'électricité vouée à cet usage provient des eaux et de la combustion du charbon et de l'huile. Mais l'énergie nucléaire va repousser de plus en plus le charbon. L'énergie hydraulique et nucléaire ne sera plus à l'avenir la seule source d'électricité, si la tendance récente se matérialise. Devant l'essor énorme des débouchés de l'électricité, on estime qu'une augmentation de 10 p. 100 du rendement dans la production d'électricité équivaudrait, aux Etats-Unis, à une économie quotidienne d'un million de barils de pétrole. Le moyen d'accroître le rendement est de récupérer une forte part de la chaleur que doit perdre le chauffage central.

Il s'agit simplement d'une génératrice à diesel ou à turbine qui fournirait l'électricité à une maison d'appartements, une école ou un centre commercial. Le moteur ne produirait pas l'électricité à meilleur compte que ne peut la livrer une grande centrale hydro-électrique ou nucléaire, mais on pourrait récupérer la chaleur du moteur diesel ou de la turbine pour l'affecter au chauffage de l'eau et des locaux, au refroidissement ou même à la vapeur de traitement. Ce n'est pas une installation électrique d'appoint réservée aux pannes. C'est une source permanente d'éclairage, de chauffage et d'électricité, sur place, sous la commande absolue de l'exploitant. Celui-ci ne compte plus sur l'électricité de l'extérieur et obtient dans bien des cas son énergie à meilleur compte.

Certains considèrent que les voitures à l'électricité offrent une meilleure solution que l'amélioration du moteur à combustion interne. On a prédit que les premières apparaîtraient sur les routes d'ici cinq ans et que tous nos véhicules seraient actionnés par batteries en l'an 2000. L'industrie pétrolière n'est pas d'accord, et ce n'est pas par simple chauvinisme. De même que le hovercraft et le sous-marin nucléaire, la voiture électrique jouera un rôle particulier, mais ne deviendra pas un véhicule à tout usage. Il est douteux que la voiture à l'électricité en vienne à égaler l'automobile à essence pour la vitesse, le rayon d'action, l'économie et la commodité. Aussi l'industrie pétrolière ne voit-elle pas en elle une menace, même aux Etats-Unis où on parle le plus de ce véhicule. Au moment où on aura réussi la production en série et la commercialisation de la voiture électrique, les émanations des moteurs à combustion interne auront été depuis longtemps maîtrisées. Face aux génératrices actuelles, la pile à combustible offre une solution intéressante. En transformant directement l'énergie chimique en électricité avec le minimum de pièces mobiles, elle peut en théorie utiliser presque entièrement l'énergie du combustible, contre 40 p. 100 pour la turbine à vapeur moderne et de 15 à 25 p. 100 pour le moteur à combustion interne. La plupart des expériences sur ces piles utilisent l'hydrogène et l'oxygène comme combustible, mais on pourrait recourir au méthanol tiré du gaz naturel. Toutefois, on admet généralement que la pile à combustible ne pourra s'employer économiquement sur une large échelle avant l'an 2000.

Tout laisse présager que l'industrie pétrolière sera aussi importante pour la prochaine génération qu'elle l'a été pour celle d'aujourd'hui. Comme le pétrole n'est pas renouvelable, seules de bonnes réserves permettront d'en augmenter considérablement la production. A mesure que croîtra la demande d'énergie, il est certain que les applications du pétrole vont se multiplier pour la satisfaire. On estime à 1 000 000 les sous-produits du pétrole et, comme on en a découvert environ 50 000 et qu'on en a utilisé quelques milliers, il est certain que le pétrole n'a pas encore dit son dernier mot. Le pétrole, bien qu'il soit polluant, peut être intéressant à considérer, puisqu'il peut s'autonettoyer dans une certaine mesure.

D'infimes organismes, invisibles à moins d'être grossis des centaines de fois, peuvent s'avérer les meilleurs amis de l'homme. La terre en foisonne. On peut en trouver jusqu'à 100 millions par gramme de terre. Ils se rencontrent partout, sauf dans certains déserts et dans les régions les plus arctiques. Ils hantent le lit des océans et vivent jusqu'à des centaines de mètres sous terre. Il s'agit des microbes, dont le trait commun est d'être unicellulaires. Ils absorbent leur nourriture et éliminent les déchets par la paroi de leur cellule. Tous vivent de matière organique, mais leur régime varie: certains consomment l'amidon, d'autres le sucre. De plus, il semble exister un équilibre naturel entre les divers microbes. Les microbes peuvent utiliser 99 p. 100 de la matière organique morte à la surface de la terre. Le reste, qui n'est pas décomposé, forme du charbon. En plus de nourriture, il leur faut, uniquement pour survivre, de l'eau, dont ils tirent l'oxygène, et une température raisonnable.

De nos jours, des scientifiques s'intéressent profondément à deux genres de microbes: les bactéries et les levures, analogues sur certains points. Toutefois, les bactéries sont plus petites et plus affairées. Leur cellule unique se multiplie par simple division: le noyau se sépare en deux moitiés identiques, puis la cellule se scinde. Dans les conditions idéales, les bactéries peuvent se multiplier toutes les quinze minutes.

Les levures sont moins prolifiques. Comme les bactéries, on les classe au nombre des plantes, mais elles rappellent les champignons, en ce sens qu'elles se multiplient en émettant des bourgeons ou spores, sources de cellules nouvelles. La cellule de la levure prend de deux à dix heures à se dédoubler.

Bactéries et levures présentent d'autres différences importantes. Les premières préfèrent les sols neutres ou alcalins, tandis que les secondes peuvent survivre en milieu acide. Les levures peuvent aussi vivre au froid; des lignées prospèrent même à 12° C. A cette température, la plupart des bactéries sont en sommeil; même à 10° C, elles se déplacent très lentement. Par contre, les levures tolèrent mal une température qui dépasse 32° C alors que les bactéries peuvent vivre à 50° C.

L'importance de ces êtres infimes pour l'homme est démesurée, eu égard à leur taille. Comme celui des bactéries, le régime des levures varie, mais elles ont en commun le goût du pétrole brut. C'est étonnant, puisque le pétrole est fondamentalement un destructeur. Pour tout animal qui le boit, il est non seulement peu savoureux, mais mortel. Il tue également les végétaux. Et pourtant, des lignées de bactéries et de levures sont voraces de pétrole. Les microbiologistes ont trouvé des façons de les mettre à profit contre les déversements d'hydrocarbures.

Les bactéries peuvent être mises au service de l'homme. Pour qu'elles travaillent au mieux, toutefois, il faut les nourrir. Pour qu'elles consomment bien le pétrole, il faut ajouter d'autres principes nutritifs. Et pas n'importe quoi. Aux quelques douzaines de lignées bactériennes qui gobent le pétrole, il faut apporter de l'azote et du phosphore pour qu'elles le fassent. Le pétrole renferme le carbone et le soufre voulus pour les bactéries, mais insuffisamment d'azote et de phosphore. Les bactéries du sol s'attaquent aussitôt aux hydrocarbures déversés et consomment tout l'azote et le phosphore, puis elles cessent de se reproduire, meurent ou entrent en sommeil. La tâche reste à finir. Le pétrole cesse de disparaître; le sol demeure foncé et gras et sent l'huile. Impossible à l'eau de s'y infiltrer et les plantes ne peuvent s'en nourrir. La végétation peut prendre des années à reparaître.

Pour éviter ce mal, on sert des engrais azotés et phosphatés aux microbes, qui se prennent alors à manger du pétrole jusqu'à épuisement des provisions, après quoi la colonie bactérienne meurt ou entre en sommeil. L'effet des bactéries est manifeste: le sol est de meilleure qualité qu'après le déversement et les effets toxiques du pétrole ont disparu. Quelle différence dans le sol! Il n'est plus toxique et a meilleure apparence. Il se remet beaucoup plus vite en végétation, parfois en moins d'un an. Une fois la végétation morte, il est remarquable de voir comme le sol se rétablit après traitement.

Il reste encore beaucoup à découvrir dans ce domaine. Ainsi, comment expliquer que des bactéries, parfois, ne peuvent absorber le pétrole? Sous les climats chauds, les bactéries, vu leur multiplication rapide, seraient de meilleurs pétroléophages. Pour travailler au mieux, les levures n'ont pas à être cultivées dans le pétrole comme les bactéries. Même cultivées sur extrait de malt, sur glucose ou sur d'autres substances, elles gobent bien le pétrole. On songe à enrober de principes nutritifs comme l'engrais azoté ou phosphaté la levure desséchée, pour former des granules à pulvériser sur les déversements d'hydrocarbures. Ces granules pourraient s'entreposer des années et se transporter aisément au lieu du déversement. Toutefois, on n'a pas à cultiver spécialement les levures pour servir de pétroléophages. Les levures, comme les bactéries, s'attaquent vite aux paraffines, mais n'aiment pas le benzène et celui-ci demeure dans le sol en résidu d'asphalte.

Toutefois, cette substance n'est pas toxique et n'empêche pas la végétation.

Personne ne prétend que les bactéries et levures soient la solution parfaite aux déversements d'hydrocarbures, ou même qu'on doive les préconiser au lieu d'autres moyens. Ce n'est pas une solution éclair. Il faut d'abord contenir le déversement, puis l'éliminer en majeure partie, après quoi seulement on peut tenter de mettre les microbes à l'œuvre. Néanmoins, c'est un filon de recherche prometteur comme il en existe une multitude d'autres, toujours en faisant appel au pétrole. Plus on y pense, plus on s'aperçoit que le pétrole est indispensable à la vie, plus il est urgent de l'utiliser rationnellement face au gaspillage du passé.

V

La cartellisation du pétrole

Trois modèles de gestion de l'industrie pétrolière peuvent se présenter. Premièrement, le régime de liberté complète, pratiquement en vigueur aux Etats-Unis, ou régime de l'accession. Le propriétaire du sol l'est aussi du sous-sol. Mais, par manque de capitaux et pour éviter un morcellement superficiel, le propriétaire cède souvent à un concessionnaire (*lessee*) le droit d'exploitation. Il existe un certain nombre de contrats types dont la *Form 88 Mid Continent*. Deuxièmement, le régime de la concession par l'Etat à des sociétés pétrolières pour une durée plus ou moins longue, est un cas très généralisé. Ou bien la société doit vendre ensuite sa production à un prix fixé à un organisme pétrolier de l'Etat, ou bien elle commercialise comme bon lui semble moyennant redevances. Finalement, il existe le régime de l'exploitation par l'Etat lui-même.

C'est aux Etats-Unis que commença l'aventure. Alors que la fièvre du pétrole déferle depuis trois ans sur le district d'Oil Creek en Pennsylvanie, où Drake avait foré en 1858 son premier puits productif, John D. Rockefeller a tout de suite compris qu'il vaut mieux laisser aux autres les risques de la prospection et concentrer son activité sur le raffinage, le transport, la distribution. La petite affaire de raffinage née en 1862 prend vite de l'importance: une association avec d'autres raffineurs aboutit à la fondation en 1870 de la Standard Oil of Ohio. Un accord avec les sociétés de chemins de fer lui permet d'obtenir des tarifs préférentiels et de ruiner ses concurrents. Une lutte terrible s'engage en 1872 avec les Indépendants menés par Archbold, qui réussissent à construire un pipe-line jusqu'à la côte Atlantique en 1879 pour briser l'étau des chemins de fer. Mais Rockefeller construit aussi des oléoducs, rachète ceux des firmes en difficulté, gagne à sa cause ses concurrents les plus coriaces. En 1882, il contrôle les 90 p. 100 des pipes-lines et raffine 95 p. 100 du pétrole américain. C'est l'époque de la fondation du Standard Oil Trust. En même temps, Rockefeller rationalise la distribution du kérosène. A la place du baril que le détaillant doit aller fréquemment échanger, il lui offre un réservoir fixe qu'il passe remplir régulièrement avec des voitures-citernes. On ne lui demande rien d'autre, en échange de cet avantage, que de ne plus commercialiser désormais que le pétrole lampant de la Standard. L'élimination des concurrents est vite acquise. Les Européens aussi prennent des initiatives semblables. C'est en 1900 qu'Henry Deterding arrive à la tête d'une petite société hollandaise exploitant des champs pétrolifères aux Indes néerlandaises depuis 1883. Parallèlement une société britannique fondée par Marcus Samuel, en 1897, la Shell Transport and Trading Co., se consacrait au commerce de la nacre en Extrême-Orient, puis au transport du pétrole. Sentant le rôle fondamental du contrôle des communications sur de grandes distances comme celles qui séparent l'Extrême-Orient de l'Europe, Deterding signe en 1902 un accord avec la Shell: l'Asiatic Petroleum Co. naît et prospère bientôt. Etant donnée l'importance de la flotte, la société est prête à faire face à la naissance de n'importe quelle région pétrolière. En 1907, la fusion devient définitive et la diffusion mondiale du groupe Royal Dutch-Shell s'explique par sa force maritime.

Jusqu'à la Première Guerre mondiale, le marché du pétrole reste caractérisé par une double situation, la prépondérance du marché américain dans le domaine production-consommation et la lutte que s'y livrent de nombreuses sociétés nationales: celles appartenant au groupe Standard, et aussi la Gulf, la Texas, etc. Le marché intérieur est en pleine expansion, les découvertes de gisements riches sont nombreuses. On ne s'intéresse presque pas aux marchés étrangers. Il est aussi caractérisé par le rôle important joué par des sociétés britanniques (Anglo Persian Oil Company) et anglo-hollandaises (Royal Dutch-Shell) dans le reste du monde. Avec les années 1920, cette situation évolue très vite. La crainte d'un épuisement rapide des réserves nationales des Etats-Unis se fait jour avec l'essor de plus en plus rapide de la consommation: les sociétés américaines vont chercher à obtenir des concessions dans le reste du monde. La disparition du pétrole russe déplace vers le Proche-Orient et le Venezuela une partie des intérêts des sociétés britanniques. La concurrence est donc vive pour la conquête des gisements. Une autre rivalité se dessine à partir de 1925, lorsque la mise en valeur intensive de nouveaux pays crée rapidement un risque de surproduction. C'est alors une lutte pour les débouchés. A force de baisser les prix de vente pour éliminer les concurrents, on en arrive à des marges bénéficiaires infimes, parfois même à vendre à perte. Le point critique est atteint en 1927, lorsque la Shell déclenche contre la Standard de New York une guerre de prix aux Indes où elle écoule du pétrole roumain qu'elle contrôle. La Standard réplique en baissant également ses prix et en intensifiant ses ventes en Grande-Bretagne. Les adversaires en présence sont trop puissants pour espérer une victoire rapide et satisfaisante. Seul un accord international peut régler la question. Les présidents Deterding de la Royal Dutch-Shell, Cadman de l'Anglo-Iranian et Teagle de la Standard se réunissent au château écossais d'Achnacarry en 1928 pour régler les différends. De cette réunion, émane un accord basé sur le maintien du statu quo et même sur son prolongement.

Sept principes illustrent cette politique:

1. Engagement, par les signataires, de stabiliser leurs parts respectives du marché mondial au niveau de 1928; tout accroissement futur se fera en respectant les mêmes pourcentages.

2. Utilisation en commun des usines et installations déjà existantes.

3. La création de nouvelles installations n'aura lieu que si l'accroissement de la demande l'exige.

4. Priorité d'approvisionnement d'une zone géographique par le pétrole fourni dans cette zone.

5. D'où réduction des charges de transport.

6. Réduction de la production partout où elle est excédentaire.

7. Elimination de toutes mesures ou dépenses de nature compétitive qui augmenteraient sensiblement les prix de revient ou de vente.

Le succès de la politique pétrolière définie à Achnacarry dépend en réalité de bien autre chose que la bonne volonté réciproque des trois signataires sur les productions américaines: d'abord de la possibilité de contrôle sur la production américaine et sur les exportations des Etats-Unis vers l'étranger. Or, la législation anti-trust existante et le nombre considérable de sociétés indépendantes rendaient le problème difficile à résoudre. La création dès 1928 de l'American Petroleum Institute a pour but de faire admettre la limitation de production comme une mesure de sauvegarde, de conservation des richesses nationales. Et le Congrès américain déclare cette politique d'intérêt national. Pour le contrôle à l'exportation, la création en janvier 1929 de l'Export Petroleum Association Inc. aboutit à la fixation des prix de vente et de quotas d'exportation, les ventes étant réalisées par le canal d'un unique bureau. En fait, seules 17 sociétés y adhèrent et 55 p. 100 des ventes se font hors du bureau. Alors l'administration fédérale met en doute la légalité de la méthode de fixation des prix, si bien que l'association cesse de fonctionner en novembre 1930. Avec l'apparition des exportations russes et roumaines, les prix roumains sont momentanément alignés sur les prix américains par accord avec les producteurs, mais pas au-delà de novembre 1930. Quant à la production russe, il s'avère impossible de conclure des accords à son sujet, tant pour les quantités que pour les prix. L'application des principes d'Achnacarry est donc difficile, de nouveaux accords sont nécessaires.

Ces nouveaux accords poursuivent trois buts:
1. Elargir la base des accords par la signature de nouvelles sociétés. Dès 1932, la Socony Vacuum, la Gulf, la Texas se joignent aux trois premiers fondateurs.
2. Chercher un règlement du différend avec les producteurs russes et roumains.
3. Conclure partout où cela se révèle possible des accords régionaux concrets avec des sociétés locales dans le but d'étendre des contrôles.

A cet effet furent signés successivement:
1. En janvier 1930, le *Memorandum on European Markets*, qui obtient l'accord des producteurs roumains en élevant leur quota et jette les bases d'une coopération avec les Russes sur certains marchés.

2. En décembre 1932, les *Heads of Agreement for Distribution*. Les Etats-Unis ne sont pas inclus dans les accords; une commission siégeant à New York s'occupe de tous les problèmes de production, tandis qu'une autre siégeant à Londres règle les problèmes de distribution. Il faut se montrer souple pour essayer de gagner les indépendants à la signature d'accords locaux.

3. En juin 1934, le *Draft Memorandum of Principles* précise et complète le fonctionnement du cartel. Il prévoit de sévères pénalités contre les membres qui dépasseraient leur quota, ou qui, inversement, n'ayant pas atteint le leur, auraient refusé de livrer leur surplus aux autres.

Aucun autre accord mondial n'est signé après 1934. La Standard de New Jersey aurait annoncé son retrait de l'entente dès 1938 et suspendu toute opération liée à l'entente dès le début de la guerre en septembre 1939. Outre que cela n'engage pas les autres signataires, de nombreuses enquêtes gouvernementales et l'étroitesse des liens entre sociétés américaines et britanniques ont prouvé que de nombreuses conventions subsistent toujours et que l'esprit du cartel international demeure.

Le cartel a cherché à unifier les prix du pétrole de façon à supprimer toute concurrence sur un marché donné. Trois étapes marquent en ce domaine l'évolution rapide du marché international. Jusqu'à la Deuxième Guerre mondiale, le prix du pétrole en chaque point du globe est obtenu par référence au prix du brut sur le marché américain. On l'obtient par simple addition du prix pratiqué sur la côte du golfe du Mexique, plus le prix du transport entre la côte du golfe et le point considéré. D'où le nom du système Golfe-plus. Ceci s'explique par le fait que les Etats-Unis étaient à ce moment le plus gros pays vendeur: l'égalisation sur leurs prix en chaque région du monde supprimait en fait la concurrence pour le pétrole américain. Les autres producteurs vendaient donc à des prix variables à la production: ils vendaient cher si le transport était court, bon marché, si le transport était long. Ce système ne tenait aucun compte du coût réel. Le système Golfe-plus avait pour résultat de faire payer très cher au Proche-Orient même le pétrole local, puisque son prix équivalait au prix du pétrole américain majoré de plusieurs milliers de kilomètres de fret maritime fictif. Situation paradoxale dans une région où le prix de revient du pétrole est en fait beaucoup moins élevé qu'aux E.-U. Sur les pressions vives de l'Amirauté britannique qui, pendant la guerre, absorbe de grosses quantités de bunker fuel, l'Anglo-Iranian accepte en 1943 de fixer le prix du pétrole à Abadan à égalité des prix américains sur la côte du Golfe. En 1945, les compagnies américaines acceptent à leur tour le principe du deuxième point de base: golfe Persique. Dans le système à double point de base, il importe de fixer la région où, compte tenu des taux de fret fixés par la United States Maritime Commission (USMC), le pétrole des Etats-Unis et le pétrole du golfe Persique arriveront au même prix. En 1945, cette ligne d'égalisation se situe dans la Méditerranée moyenne (Sud de l'Italie). Mais avec l'abandon de la réglementation des prix aux Etats-Unis en novembre 1946, les prix grimpent; tandis qu'au Proche-Orient, la production augmente sans cesse et cherche des débouchés. Comme le cartel contrôle la production du Proche-Orient, la nécessité de décaler la ligne d'égalisation vers l'Ouest est facilement admise. En décembre 1947, elle est déplacée en Europe nord-occidentale (ports britanniques) en même temps que les prix du Proche-Orient sont décrochés des prix américains.

Par rapport à leurs conditions d'exploitation aux Etats-Unis où les sociétés pétrolières doivent acheter cher les droits miniers, payer les lourds impôts de droit commun et acquitter une redevance spéciale, les membres du cartel avaient obtenu tant au Venezuela qu'au Proche-Orient des conditions d'exploitation particulièrement avantageuses. La première concession iranienne à Knox d'Arcy en 1908 ne prévoit pas de redevances. Avec la Seconde Guerre mondiale se généralise le système *fifty-fifty*. Il prend corps au Venezuela, où le gouvernement met en vigueur une nouvelle loi pétrolière en 1943; on y voit apparaître la plupart des principes généralement appliqués aujourd'hui: permis de recherche assez brefs, rétrocession de la moitié du permis pour l'exploitation, obligation partielle de raffinage sur place. Et du point de vue fiscal, il est précisé qu'outre un loyer plus élevé des terrains, un taux de redevance aligné sur celui de la Californie et des impôts plus lourds, les sociétés verseront encore un reliquat, de telle sorte que leurs bénéfices d'exploitation seront égaux aux revenus encaissés par l'Etat: 50 p. 100 - 50 p. 100. L'application de ce principe se généralise au Proche-Orient où il est partout appliqué en 1951. C'est encore le Venezuela qui, le premier, remet en cause le partage égal des bénéfices. Après avoir tiré de gros profits de la mise aux enchères publiques des nouveaux permis de recherche, la loi de 1958 aboutit à faire verser aux sociétés une part de leurs profits comprise entre 60 et 64 p. 100. La contagion gagne alors le Proche-Orient. Les premières brèches dans le système *fifty-fifty* sont le fait de sociétés non encore représentées dans cette partie du monde et qui, au prix de sacrifices initiaux, cherchent à prendre position. En 1957, l'ENI italienne se fait accorder trois permis de recherche en Iran (territoire et plate-forme du golfe Persique). En cas de succès des recherches, l'ENI partagera la production avec la SNIP (Société Nationale Iranienne des Pétroles) qui versera encore 50 p. 100 de taxes sur sa part de profit. Cet accord (théoriquement 75 - 25) n'est pas si désavantageux qu'il y paraît pour l'ENI qui ne verse, en fait, aucun droit d'entrée. Il s'agit plutôt d'une offre d'association suivie d'un partage classique 50 - 50. Des accords similaires, mais comportant une contrainte supplémentaire ont été signés ensuite avec la SNIP par une filiale de la Standard Oil d'Indiana. Par contre, les accords signés par la Japanese Export Oil Company avec les souverains d'Arabie Saoudite et du Koweit pour la concession des zones bordières du golfe Persique comportent des clauses en réalité beaucoup plus draconiennes. Non seulement la société japonaise devra verser 56 p. 100 des bénéfices à l'Arabie et 57 p. 100 au Koweit, mais le droit d'entrée et le loyer sont importants, 10 p. 100 du capital doit être offert à chacune des puissances concédantes qui occupent chacune un sixième des postes d'administrateurs. De telles modifications n'ont pu être obtenues que dans des cas marginaux, avec des sociétés qui veulent rattraper le temps perdu. En fait, lorsque les Etats se heurtent aux tout-puissants membres du cartel, ceux-ci réagissent en baissant immédiatement leur production dans le pays qui conteste leur part de bénéfices, en jouant des rivalités entre les pays producteurs et des possibilités d'accroître très vite la cadence d'extraction ailleurs (concurrence Venezuela-Proche-Orient, concurrence interne des pays du Proche-Orient, concurrence pétrole russe-pétrole des sociétés privées). Deux solutions se présentent alors: le compromis ou la rupture suivie de la nationalisation. Par exemple, le conflit entre le gouvernement Mossadegh et l'Anglo-Iranian en 1951 résulte du refus de la société d'accepter le partage 50 - 50. Les mesures conservatrices (retrait des techniciens britanniques, menace de confiscation des cargaisons achetées par les Indépendants) et les mesures positives (essor d'une production concurrente dans les autres pays producteurs du Proche-Orient) empêchent l'Iran de vendre son pétrole malgré des prix avantageux. Avec le renversement de Mossadegh, une solution de compromis est trouvée en 1953. Une Société Nationale des Pétroles Iraniens est créée qui représente l'Etat propriétaire des gisements et des installations de surface. Elle concède les droits d'extraction et d'usage à un consortium international dans lequel l'Anglo-Iranian ne représente plus que 40 p. 100. Comme prix de la cession des 60 p. 100, l'Anglo-Iranian (devenue BP) reçoit une indemnité initiale de 90 millions de dollars, plus une petite ristourne par tonne produite. Le consortium verse 50 p. 100 de ses bénéfices sous forme d'impôts. D'autre part, depuis 1957, toutes les régions non couvertes par le consortium sont soumises à un régime d'exploitation différent. Les pays arabes avaient beau essayer de récupérer l'or noir de leur pays, les puissantes compagnies pétrolières avaient toujours le dernier mot jusqu'au jour où l'Irak profita d'un concours de circonstances pour briser le cartel pétrolier.

L'accord de participation de 1972 est essentiellement un accord de troc qui vise à garantir aux compagnies de pétrole un accès libre et croissant aux formidables réserves pétrolières du golfe Persique, contre une participation d'Etat de 51 p. 100 dans leur production quotidienne. Dès 1973, les cinq pays auraient eu droit à 25 p. 100 de la production des principales sociétés pétrolières installées sur leur territoire respectif, soit l'équivalent de 3 millions de barils par jour. Cette part demeurerait inchangée jusqu'au 1er janvier 1981. En 1982, la hausse serait de 6 p. 100 pour atteindre 51 p. 100 au total. Cependant, pour avoir droit à cette participation, les Etats devaient effectuer deux formes de paiements aux compagnies: d'une part, des compensations pour acheter leur capital-actions et, d'autre part, des investissements annuels pour assurer, comme tous les autres actionnaires, les travaux de prospection, la mise en valeur de nouveaux puits et l'augmentation de la production. Enfin, la troisième partie de l'accord fixe une série de prix pour les transactions de vente et d'achat de pétrole entre les actionnaires. Sur toutes les autres questions se rattachant à la production pétrolière, c'est-à-dire les concessions, les privilèges fiscaux consentis aux compagnies, le rôle d'opérateur ou « exploitant » qui coordonne les activités quotidiennes de production, de forage ou de prospection, etc., l'accord ne disait strictement rien. Au total, on évalue à un peu plus de $2 milliards le prix que les cinq pays du golfe devaient remettre aux compagnies en échange d'un contrôle de 51 p. 100 jusqu'en 1982. La base de calcul retenue pour fixer ces compensations est la valeur amortie des actifs actualisés pour tenir compte de l'inflation. Par exemple, si un oléoduc a été construit en 1955 par la Kowait Oil Co. et que la moitié seulement de sa valeur originale a été amortie depuis, cette moitié sera évaluée au coût de remplacement d'aujourd'hui. Cela veut dire que les pays producteurs seraient tenus de payer plusieurs fois la valeur réelle d'actifs qui ont été acquis grâce aux profits accumulés sur l'exploitation de leur pétrole. C'est la fine fleur des nombreuses contradictions de l'accord.

L'acquisition de 51 p. 100 des intérêts dans les consortiums pétroliers ne veut pas dire que les Etats-Unis auraient droit à 51 p. 100 des bénéfices que réalisent ces compagnies en écoulant leur pétrole sur le marché mondial. Les consortiums de production sont essentiellement des structures d'associations, de pools d'intérêts qui n'accumulent aucun profit. Ils ne font qu'assurer la production pétrolière sans rien vendre à quelque compagnie que ce soit. Ces consortiums ne servent, en fait, qu'à approvisionner les sociétés internationales qui en sont actionnaires, selon la quote-part que chaque société actionnaire détient au sein du groupe. Ce sont les sociétés actionnaires seules qui peuvent accumuler des profits puisque chacune de ces sociétés écoule séparément sa part de la production sur le marché mondial. Par exemple, l'Arabian American Oil Co. (Aramco) est contrôlée à 50 p. 100 par la Standard Oil of California (Chevron), à 30 p. 100 par la Standard Oil of New Jersey (Exxon) et à 10 p. 100 par Socony Mobil Oil Corp. Tous les jours, l'Aramco expédie du pétrole au port le plus proche et le distribue à chaque actionnaire selon le pourcentage de participation qu'il détient. L'Aramco n'a donc ni flotte de pétroliers, ni organisation de vente, ni raffinerie, si ce n'est pour les besoins locaux. Il appartient alors à chaque actionnaire de charger le pétrole à bord de ses bateaux-citernes et d'en vendre la cargaison soit à des entreprises filiales (Texaco-Canada ou Texaco-France) ou à des distributeurs indépendants. Enfin, la part de chaque actionnaire correspond aux investissements que chaque compagnie doit faire au sein du groupe pour maintenir et accroître la production. Ces investissements se traduiraient par un coût d'environ $1,7 à

$2 milliards pour les cinq pays du golfe jusqu'en 1982, portant la note finale de leur participation à quelque $4 milliards. Non seulement l'accord n'oblige pas les compagnies à transformer leur pétrole sur place pour en tirer des dérivés pétrochimiques, mais il ferait des pays arabes les pourvoyeurs de fonds des compagnies pétrolières. En effet, sur un total de $400 à $430 milliards dont les compagnies disent avoir besoin pour accroître leur capacité mondiale de production, de raffinage et de distribution, à peine $4 à $4,5 milliards seraient investis dans la région, soit un montant égal à celui que verseraient aux grandes compagnies les pays du golfe pour acheter leur participation. Cela est d'ailleurs confirmé par le fait que les 30 plus importantes sociétés américaines de pétrole ont obtenu 47 p. 100 de leur production au Proche-Orient en 1971, mais n'y ont investi que 2 p. 100 de toutes leurs dépenses de capital. En 1982, l'accord de participation donnerait droit aux Etats producteurs à quelque 13 millions de barils par jour ou presque l'équivalent de tout ce que produisaient les Etats-Unis. Malgré les plans les plus agressifs de développement économique, ils seraient incapables d'absorber toute cette production. Ils pourraient le vendre à l'étranger par le biais de sociétés nationales de vente dont disposent déjà l'Irak, le Koweit et l'Arabie Saoudite. Mais leur expérience de vente demeure trop modeste pour qu'ils puissent écouler chaque année les 3 millions de barils par jour auxquels ils ont droit. Comme les grandes compagnies de pétrole contrôlent au moins 70 p. 100 de la capacité occidentale de raffinage, elles ont offert aux Etats de racheter jusqu'à 90 p. 100 de leur part, volume qui diminuait graduellement jusqu'à 50 p. 100 en 1976, alors que les pays avaient l'occasion de développer leurs débouchés. Il s'agit là moins d'une manifestation de générosité de la part des entreprises que du besoin de respecter certains contrats à long terme, dont le contenu ne prévoyait évidemment pas l'issue de l'accord de participation. C'est ainsi qu'une échelle de quatre prix a été élaborée pour régulariser les transferts de production entre compagnies et chaque pays hôte. Nombre d'autres failles sont mises en évidence par les critiques. Au nombre de celles-là figurent le rôle d'opérateur et le maintien des concessions. Le Koweit a maintenu les concessions des compagnies pétrolières jusqu'en l'an 2026, alors qu'une société américaine vient de découvrir que les réserves totales de pétrole suffiront à assurer une production constante jusqu'en 2037. Quant au rôle d'opérateur, on ne comprend toujours pas pourquoi les compagnies conserveront le contrôle sur toutes les activités de production, de forage et de prospection même au-delà de 1982, alors qu'elles deviendront minoritaires face à l'Etat. La participation perd donc tout son sens puisque les pays producteurs avaient une occasion unique de former une nouvelle classe de main-d'œuvre s'associant étroitement aux activités quotidiennes des consortiums. Mais ils l'ont ratée. Cette seule faille suffit à dire que l'accord ne change rien de fondamental au statut de rentiers et de percepteurs d'impôts que les Etats ont toujours eu depuis 40 ans.

De tous les pays du golfe Persique, c'est l'Irak qui a poussé le plus loin sa lutte pour rapatrier le contrôle de sa production pétrolière. La nationalisation de l'Irak Petroleum Co. (IPC), le 1er juin 1972, l'a projeté à l'avant-scène du Proche-Orient.

A cause du jeu de puissance dans lequel il s'est engagé, il offre le meilleur exemple pour saisir toute la mécanique d'une négociation entre pays producteurs et les plus grandes compagnies internationales de pétrole. L'enjeu était tel que l'Irak dut jeter dans la balance tout le poids de son économie. Dans le contexte de négociations serrées que menaient depuis février 1972 quatre autres pays du golfe pour participer à la production des sociétés pétrolières, l'initiative irakienne devait à tout prix réussir. Le moindre faux pas pouvait compromettre la position de force que les cinq pays voulaient afficher devant les intérêts pétroliers occidentaux. Le Koweit, de son côté, était en quelque sorte le souffleur puisque son gouvernement avait été préparé à venir en aide financièrement à l'Irak en cas de coup dur. Quant aux émirats de Qatar et d'Abu Dhabi, ils jouaient le rôle d'appâts. C'est là, du moins, la meilleure image qu'on puisse emprunter pour décrire le mode de négociation d'une des plus importantes transactions entre compagnies de pétrole et gouvernements hôtes. Même si la décision officielle de nationaliser l'IPC n'a été prise qu'à la mi-mai, le gouvernement de Bagdad avait déjà préparé tout un arsenal économique pour parer à une baisse inévitable de ses revenus, durant les mois suivant le décret, et aux contre-attaques juridiques des compagnies actionnaires. Le premier s'appliquait au front intérieur et visait à comprimer les projets de dépenses publiques et à rapatrier le maximum de devises étrangères. La compression eut lieu 15 jours avant la nationalisation, alors que le Conseil exécutif du commandement révolutionnaire décréta un programme d'austérité réduisant de 50 p. 100 le programme d'investissements prévus en 1972-1973. La cueillette des devises devait par ailleurs s'effectuer en deux temps. D'abord le gel temporaire des salaires, l'interdiction de toutes les sorties en dehors du pays, à moins qu'il ne s'agisse de voyages d'affaires, et l'émission d'obligations de $30 millions, lancée auprès du public et intitulée « prêt d'endurance ». Le tout fut annoncé le 10 juin. Par ailleurs, les fonctionnaires du gouvernement avaient reçu la consigne de faire pression sur la moyenne bourgeoisie, dont les activités marchandes rapportaient une somme appréciable de devises étrangères. Plusieurs propriétaires de grands commerces et d'usines étaient suivis de près et toutes leurs communications avec l'étranger étaient examinées à la loupe. Le deuxième train de mesures touchait le front diplomatique. Trois jours avant la nationalisation, le 28 mai 1972, le ministre irakien des affaires pétrolières dévoilait à Alger tout le contentieux de l'Irak Petroleum Co. (IPC) aux membres de la huitième conférence pétrolière arabe. Cette initiative diplomatique composait la première étape d'une longue série de consultations et d'entretiens que l'Irak tiendrait après la nationalisation pour rallier le monde arabe à sa cause et convaincre les pays producteurs que la meilleure formule de participation était l'étatisation. La plate-forme d'Alger était d'autant mieux choisie que la conférence prenait fin le jour même de l'annonce de la nationalisation. La deuxième tranche de cette offensive diplomatique s'adressait davantage à l'Union soviétique et aux pays socialistes. Le 3 juin, une délégation irakienne s'envola vers Moscou pour convaincre les autorités soviétiques de la nécessité de créer « un pont d'expédition », comme la Russie venait de le faire pour le cuivre chilien. Ce « pont d'expédition » visait à contourner tout blocus qu'auraient pu imposer les actionnaires de l'IPC contre le pétrole nationalisé ou, ce qu'on appelle dans le jargon pétrolier, le « pétrole rouge ». D'une pierre deux coups, l'Union soviétique absorberait ainsi le surplus de pétrole que l'Irak n'aurait pu écouler en Occident et donnerait, en échange, des biens et services russes. C'était un accord de troc précieux pour l'Irak qui évitait de bouleverser toute son économie intérieure en maintenant ininterrompu le flot de ses importations. L'Union soviétique ne pouvait évidemment pas consommer elle-même tout ce pétrole puisqu'elle exportait déjà une quantité appréciable de son brut aux pays socialistes et à l'Europe de l'Ouest.

Cartel pétrolier du Proche-Orient

Pays	Compagnies	Pourcentage	Année de la nationalisation ou de l'expropriation
Algérie	Consortium de compagnies françaises	100,00%	1970-1974
Arabie Saoudite	Texaco	30,00%	1974
	Standard Oil of California	30,00%	
	Standard Oil of New Jersey	30,00%	
	Mobil Oil	10,00%	
Iran	British Petroleum	40,00%	1973
	Royal Dutch-Shell	14,00%	
	Compagnie Française des Pétroles	6,00%	
	Compagnies américaines du cartel	40,00%	
Irak	Royal Dutch-Shell	23,75%	1973
	Compagnie Française des Pétroles	23,75%	
	British Petroleum	23,75%	
	Near East Development (Mobil Oil et Standard Oil of New Jersey)	23,75%	
	Participation and Exploration Corporation	5,00%	
Koweit	British Petroleum	50,00%	1975
	Gulf Oil	50,00%	
Libye	Consortium de compagnies européennes et américaines	100,00%	1970-1974
Qatar	British Petroleum	23,75%	1976
	Royal Dutch-Shell	23,75%	
	Compagnie Française des Pétroles	23,75%	
	Near East Development (Mobil Oil et Standard Oil of New Jersey)	23,75%	
	Participation and Exploration Corporation	5,00%	
Union des Emirats Arabes	British Petroleum	36,66%	1974
	Compagnie Française des Pétroles	33,34%	
	Overseas Petroleum Corporation (consortium de 30 sociétés japonaises)	30,00%	

Son rôle consistait donc à revendre le pétrole irakien à ses partenaires européens et empêcher ainsi toute poursuite juridique de la part de l'IPC. Mais il ne suffit pas de nationaliser pour maintenir une production aussi importante que celle de Kirkouk. Encore fallait-il écouler le maximum de la production le plus tôt possible pour maintenir la rentrée des devises et des biens essentiels à l'économie, car 52 p. 100 des recettes ordinaires du budget national et 70 p. 100 des ressources du programme d'investissement dépendaient des ventes du pétrole nationalisé en 1972-73. Un programme en deux temps avait été élaboré pour réussir cette « opération vente »: le maintien de l'oléoduc principal traversant la Syrie pour déboucher sur la Méditerranée et la multiplication d'accords de troc avec le plus grand nombre de pays. De plus, l'Irak avait voulu protéger ses arrières avant de nationaliser. En maintenant la part de production qui revenait à la Compagnie Française des Pétroles (23,75 p. 100 des intérêts), Bagdad avait voulu diviser les actionnaires entre eux, tout en s'assurant de pouvoir vendre, contre des devises fortes, près de 50 p. 100 de la production qu'elle était en mesure de tirer des champs de Kirkouk. Restaient enfin les accords de troc. Cette tâche fut confiée à la Société Nationale de Pétrole d'Irak (INOC en anglais), qui avait déjà l'expérience de pareilles négociations à la suite des ventes du pétrole qu'elle exploite elle-même au pays. Selon les dirigeants de cette société d'Etat, 70 p. 100 de la production de l'IPC fut vendue à la France, à l'Allemagne, à l'Italie, de même qu'à de plus petits consommateurs comme le Sri Lanka, l'Inde ou le Brésil.

Le solde de la production fut expédié aux pays socialistes sur la base d'approvisionnements échelonnés sur 5 et même 10 ans. Mais plusieurs de ces contrats ne se limitaient pas à la vente de pétrole. Avec l'Inde, le Sri Lanka et la Roumanie par exemple, l'Irak a entrepris des négociations pour construire une raffinerie dans chacun de ces pays, la propriété demeurant toutefois entre les mains de ces gouvernements. Au cours des six premiers mois de nationalisation, les ventes ont dépassé les attentes les plus optimistes. L'Irak Petroleum Co. (IPC) a contribué directement à ce succès, grâce à ses programmes de formation de main-d'œuvre locale spécialisée depuis 1955. En effet, le jour même de la nationalisation, tous les officiers étrangers de la compagnie avaient été rassemblés à Kirkouk: on n'y dénombrait qu'une vingtaine d'ingénieurs et techniciens (sur un total de 270 employés par l'IPC). Presque la totalité du personnel, soit 5 000 personnes, était d'origine irakienne. Le casse-tête assemblé, il n'en fallait pas plus pour convaincre les actionnaires de l'IPC de l'inutilité d'un boycottage contre le « pétrole rouge ».

C'est depuis cette manœuvre historique que les compagnies pétrolières commencèrent à perdre le monopole du pétrole dans le golfe Persique. Tous les Etats impliqués entamèrent des négociations, soit pour exproprier, soit pour nationaliser les avoirs pétroliers installés chez eux. D'un cartel de compagnies pétrolières, on est passé à un cartel de pays pétroliers arabes.

Histoire récente des pressions politiques ayant une incidence sur le prix du pétrole

1945-1950

Les Etats-Unis et le Royaume-Uni mettent fin au boycottage du pétrole nationalisé au Mexique. Les Etats-Unis limitent les exportations et deviennent importateurs nets. Découverte importante dans l'Ouest canadien. Création de l'Aramco en Arabie Saoudite.

Prix: La reconstruction de l'Europe et le plan Marshall d'aide américaine conditionnent un ajustement des prix du pétrole qui restent tout de même à un niveau élevé pour l'époque.

1950-1955

Pour concurrencer le pétrole, les Etats-Unis plafonnent les prix du gaz naturel. Création de l'ENI (italienne). Nationalisation du pétrole en Iran puis renversement du gouvernement. Importante découverte de pétrole en Algérie.

Prix: La production arabe provoque des pressions à la baisse.

1955-1960

L'Indonésie et le Canada remplacent graduellement les exportations mexicaines aux Etats-Unis. Nombreuses découvertes de pétrole faites par les compagnies américaines à travers le monde. Les Etats-Unis imposent une réduction des importations pour raffermir les prix du Texas et de la Louisiane. Recours massif au pétrole. Nationalisation du canal de Suez.

Prix: Chute des prix décrétée par le cartel pour lutter contre les Indépendants en Europe.

1960-1965

Découverte de larges bassins pétrolifères en Extrême-Orient. L'industrialisation du Japon commande des importations massives du Proche-Orient. Début de l'exploration de l'Arctique canadien et américain. L'URSS commence à exporter en Europe de l'Ouest. Création de l'ERAP (France). Création d'un front commun appelé OPEP. La Libye commence à exporter. L'Irak crée sa société nationale.

Prix: Les prix restent bas.

1965-1970

Découvertes importantes dans la baie de Prudhoe en Alaska et en mer du Nord (Royaume-Uni et Norvège). Bref embargo pétrolier. Coups d'Etat en Irak et en Libye. Découverte importante au Nigéria.

Prix: Faible remontée des prix suite à la fermeture du canal de Suez qui fait grimper les taux de fret.

1970-1975

La Chine lance un programme de production pétrolière. Plafonnement de la production américaine. L'URSS devient un grand producteur et un grand exportateur. La mer du Nord commence à produire. La Norvège crée sa société d'Etat. L'Algérie, la Libye, l'Arabie Saoudite, l'Iran, l'Irak, le Koweit, le Qatar et l'Union des Emirats Arabes nationalisent. Important embargo pétrolier des pays arabes. L'OPEP décrète unilatéralement une hausse des prix.

Prix: Les prix quadruplent en 1973-1974 et les taux de fret atteignent des sommets records. L'inflation atteint tous les pays du monde.

1975-1980

Le développement économique des pays occidentaux dépend en grande partie des décisions de l'OPEP. Crise libanaise. Ouverture de paix de la part de l'Egypte. Réouverture du canal de Suez. Vaste mouvement en faveur de la conservation de l'énergie. Les chefs d'Etat remplacent les compagnies et se servent de « l'arme du pétrole ».

Prix: Augmentation constante des prix pour compenser les dévaluations et préserver le pouvoir d'achat. Inflation continuelle.

VI

Le langage des pétrodollars

Depuis 1973-1974, les dollars provenant de l'exploitation du pétrole dans les pays arabes sont devenus la force économique la plus puissante du monde. Les économistes du monde entier s'interrogent sur ce phénomène nouveau et ne s'entendent guère sur l'évolution de cette situation pour l'avenir. Tout le monde sait que cela ne s'est jamais produit à aucun moment de l'histoire moderne, que les dollars du pétrole sont maintenant devenus l'élément capital dans tous les raisonnements sur l'économie mondiale.

Les dollars du pétrole sont une forme de langage. On dit souvent que l'argent est le nerf de la guerre. Au fond, toutes les questions ne tournent-elles pas autour du mot « combien »? Combien cela coûtera-t-il? Voilà la question de base à laquelle l'humanité tout entière s'est progressivement habituée depuis le début de l'ère industrielle. Tout, jusque dans les plus simples habitudes de vie, ne se traduit-il pas aujourd'hui par une certaine somme, au bout de la ligne? On s'est tellement habitué à tenir ce langage du « combien » que le vocabulaire en est devenu absolument hermétique. En effet, par définition, ceux qui en manquent, ont tendance à en demander, ce qui entre carrément en conflit avec les intérêts premiers de ceux qui en ont, et pour qui la notion de profit demeure la réalité de base. Dans ce langage de l'argent, on se retrouve donc dans le dilemme suivant: si vous avez de l'argent, il sera possible pour vous d'en gagner davantage tandis que, si vous n'en avez pas, il vous sera toujours de plus en plus

100

difficile de vous en sortir, et vous n'avez que la négociation ou la contestation comme tout partage.

Cette relation entre individus et groupes d'individus se reproduit aussi à l'échelle des pays. On a l'habitude aujourd'hui de présenter le monde de la façon suivante: un tiers de l'humanité meurt d'avoir trop et mal mangé, tandis que les deux autres tiers meurent de faim. Quatre-vingts pour cent de l'humanité sont dominés par une poignée de dirigeants d'entreprise. Vingt pour cent de l'humanité contrôlent toutes les richesses de la planète et pourtant, quatre-vingts pour cent de toutes ces richesses naturelles se trouvent dans des pays sous-développés.

Ce qui est plus grave encore, c'est que le fossé entre riches et pauvres tend à s'élargir et à se creuser davantage. Paradoxalement, c'est l'analphabétisme, la déficience intellectuelle, la famine, la domination, qui progressent le plus rapidement dans le monde.

Un jour, le Tiers monde se lèvera et tiendra tête au reste de l'humanité. Force est de constater aujourd'hui que les pays arabes, qui font partie de ce Tiers monde en voie de développement, viennent précisément de se lever, pour tenir tête au reste de l'humanité. Les pays arabes, eux qui possèdent 70 p. 100 des réserves de pétrole du monde entier, ont décidé d'utiliser le même langage que les pays riches, soit celui de l'argent, des pétrodollars. Les règles du jeu sont ébranlées. Ce sont les pauvres d'hier qui sont maintenant les puissants d'aujourd'hui, après avoir décidé de raffermir leur emprise sur leurs propres richesses nationales. Ainsi, l'on pourrait prétendre que les Arabes viennent de sonner le clairon du réveil pour les pays en voie de développement, appelant ces derniers à se tenir debout, derrière eux, sur leurs richesses naturelles et à parler un langage que les pays riches comprennent, celui de l'argent. Mais, pour continuer dans la même logique du langage de l'argent, il faudra peut-être attendre de voir où iront les dollars du pétrole avant de conclure de façon certaine quelles sont les intentions réelles des pays arabes.

L'économie mondiale subira certainement un autre éclatement de grande envergure et il importe peu que les pays arabes exportateurs de pétrole continuent à accumuler leurs nouvelles richesses ou commencent à les dépenser. Les pays arabes exportateurs de pétrole ont déjà imposé un nouveau régime d'énergie au reste du monde et ont modifié fondamentalement la structure des puissances économiques mondiales en entreprenant une redistribution des revenus d'une ampleur incroyable.

Au rythme actuel, les pays arabes pourraient accumuler des surplus, d'ici 1985, s'élevant à au moins 200 milliards de dollars. Il en résultera que les autres pays accumuleront pour leur part des dettes qui pourraient les entraîner tous dans la dèche.

Il est évident que si les tendances économiques actuelles se poursuivent, on devra faire face à un nouvel éclatement économique à l'échelle mondiale, à un accroissement du chômage et de l'inflation, à une récession et, dans plusieurs régions du globe, à la pauvreté et à la famine. Aucun pays, de l'Est ou de l'Ouest, consommateur ou producteur, ne sera épargné. A l'heure actuelle, l'économie mondiale est en difficulté parce que les Arabes ne dépensent pas une partie suffisante de leur argent qui s'accumule dans les comptes de banque. Mais lorsque les Arabes commenceront à dépenser des sommes plus considérables, la situation suscitera des problèmes d'une autre nature, comme celui de conjurer la faculté des Arabes d'acheter des entreprises dans les pays occidentaux. On est dans l'obligation d'apporter le plus tôt possible un contrepoids à la position de puissance des Arabes.

La crise économique des années 70

Certaines des causes de l'inflation actuelle sont discernables et elles n'ont rien de permanent, semble-t-il. L'augmentation universelle des prix alimentaires depuis quelques années est en partie due à la pure et simple malchance. Par suite d'intempéries exceptionnelles, les récoltes de 1972 ont été à peu près partout désastreuses, d'où aggravation de la pénurie du blé, du maïs, du soya, et de diverses plantes fourragères. Après cela est venue la crise du pétrole: profitant de l'affolement qui a suivi les embargos et les restrictions décidés par les Arabes, les pays producteurs ont quadruplé le prix du brut en six mois. Il y a eu aussi le fait que les Etats-Unis ont mené au Vietnam une guerre coûteuse, sans lever des impôts suffisants pour en couvrir les frais.

Mais ce ne sont là que facteurs accessoires; sans eux, il y aurait très probablement eu tout de même une hausse grave, voire supérieure à 10 p. 100. En réalité, l'inflation est la rançon de deux tendances que personne n'envisage de renverser: l'abondance croissante et la politique inconditionnelle du plein emploi à laquelle les plus grands pays sont très attachés. On fait aussi remonter le phénomène à la grande crise de 1929 qui répandit le chômage partout, engendra la misère et suscita des bouleversements politiques. Cette époque a laissé un souvenir si funeste que, depuis lors, les gouvernements se sont efforcés de conclure avec les citoyens une sorte de nouveau contrat social par lequel ils s'engageaient à ne jamais plus les exposer délibérément à de pareilles affres. C'est pourquoi, dès que l'activité se ralentit, ils réagissent en augmentant les dépenses et en gonflant la masse monétaire pour faire redémarrer l'économie.

D'une certaine manière, cette politique a brillamment réussi. Les pays industriels ont sans cesse maintenu un niveau d'emploi très haut, que l'on n'aurait certes pas cru possible avant la guerre. Toutefois, ils s'interdisaient du même coup l'usage de l'arme la plus puissante qui soit contre l'inflation, car si les crises étaient douloureuses, du moins avaient-elles l'avantage de freiner la flambée inflationniste: le chômage et la baisse des salaires réduisaient la demande et, pour vendre, les entreprises devaient baisser leurs prix.

Ainsi donc, la plupart des grands pays ont favorisé une croissance économique constante qui a engendré une remarquable abondance; la permanence du plein emploi et l'augmentation des revenus ont valu à leurs habitants des conditions de vie sans précédent. Cette prospérité a eu de graves conséquences. Leur sort s'améliorant, les gens ont nourri de nouvelles aspirations: loger dans des maisons plus grandes, voyager davantage, être plus instruits et mieux soignés. Pour se procurer tous ces biens, les travailleurs se sont largement endettés, comptant sur l'augmentation rapide des salaires pour pouvoir rester solvables. Souvent, les entreprises n'ont pas mis beaucoup d'ardeur à résister à leurs demandes; elles se sont contentées de répercuter les augmentations de salaires sur les prix. Après quoi, pour faire face à cette hausse, les gens ont voulu être mieux payés. Ainsi s'amorçait un processus qui mène infailliblement à l'inflation; il implique en effet qu'un élément important du prix de revient, le salaire, ne cesse d'augmenter.

L'effet inflationniste a été encore accentué par une autre conséquence de l'abondance, le coût croissant des services. Or, si dans l'industrie la hausse des salaires peut être compensée par l'augmentation de la quantité de marchandises qu'un ouvrier produit chaque jour, une même régulation est beaucoup plus difficile à réaliser dans les activités tertiaires. Cependant, les salariés dans ce secteur ont vu leurs traitements et salaires monter en flèche dans une proportion correspondant à la hausse des salaires industriels, sans qu'il en résultât une production sensiblement plus importante, mesurée en unités économiques.

La prospérité transforme également les attitudes à l'égard du travail: on veut avoir des vacances plus longues, faire de plus longues études, accéder plus tôt à la retraite. Toutes ces tendances ont pour effet de ralentir la production alors que la demande est insatiable. Il y a plus grave: l'accroissement des revenus incite à caresser des espoirs peu réalistes. De plus en plus nombreux sont ceux qui aspirent à un emploi intéressant, croyant trop souvent qu'il sera aussi très bien payé. Or, non seulement manque-t-on de travailleurs manuels (mineurs, ouvriers du bâtiment, installateurs d'appareils ménagers) mais on trouve de moins en moins de gens disposés à accepter des métiers pénibles. Dans ces conditions, les tensions s'aggravent et la productivité pâtit.

Un autre effet inflationniste de l'abondance résulte de facteurs strictement quantitatifs: la demande mondiale exerce une pression croissante sur les ressources naturelles en matières premières. En 1973, tous les pays s'efforçaient d'acheter tout le blé, tout le maïs, tout le cuivre, tout le soya et tout le riz disponibles, n'importe où, à des prix exorbitants à force de surenchère. La même frénésie affecte encore le marché d'un grand nombre de produits en 1978.

Devant la force de ces différents courants générateurs d'inflation, certains économistes n'hésitent pas à affirmer qu'il n'y a d'autre attitude que la résignation, ni d'autres remèdes que les palliatifs visant à atténuer les manifestations les plus pénibles de la crise. Leurs adversaires leur répondent qu'ils cèdent ainsi au désespoir et ils font observer qu'en admettant officiellement un taux d'inflation de 6 p. 100, par exemple, on laisserait libre cours à d'autres tendances qui ne tarderaient pas à le faire monter plus haut.

A l'autre extrémité, il y a ceux qui proposent de faire passer l'économie à l'essoreuse, c'est-à-dire réduire la demande suffisamment pour faire baisser les prix, même au risque de supprimer des emplois. D'autres, à l'inverse, proposent d'ouvrir toutes grandes les vannes de l'expansion jusqu'à ce que personne ne reste sans travail: ils soutiennent en effet que les travailleurs nouvellement embauchés produiraient assez de biens et de services pour éviter toute pénurie. L'idée semble, a priori, séduisante; en fait, elle ne tient pas. Longtemps avant que la dernière personne sans travail ait été embauchée, le manque d'ouvriers qualifiés ainsi que les frais occasionnés par l'embauche des non-qualifiés provoqueraient un brusque abaissement de la productivité et, par conséquent, une intolérable poussée des prix.

Malgré tout, il est quand même possible de prendre quelques mesures pratiques. Puisque l'inflation est universelle, il faut la combattre par une vaste opération internationale. En général, les pays qui tiennent à conserver à tout prix leur souveraineté dans le domaine économique sont hostiles à cette idée. En réalité, ils pourraient fort bien, sans rien abdiquer, adopter un certain nombre d'attitudes communes:

1- S'associer pour augmenter la production des denrées alimentaires. Le marché commun européen aurait sans doute avantage à modifier radicalement sa politique agricole en renonçant à subventionner quantité de petites entreprises dont les prix de revient sont très élevés, pour favoriser le développement de vastes exploitations à haut rendement. De plus, les grandes nations agricoles devraient s'unir pour aider certaines régions du globe, comme l'Ethiopie, le Kenya, les bassins de l'Amazone et du Congo, à mettre en œuvre leur énorme potentiel de production alimentaire. Les techniques appropriées existent, mais le Tiers monde manque de fonds, de crédits et de techniciens; aux pays industrialisés de les lui fournir.

2- Créer une organisation mondiale du marché des matières premières, y compris le pétrole, dont l'objectif essentiel serait de mettre fin à la surenchère frénétique des acheteurs. Cette institution pourrait diffuser des prévisions chiffrées de production et de consommation des produits clés, ce qui permettrait d'organiser les importations d'une manière plus rationnelle.

Certes, l'action internationale ne dispenserait pas chaque pays de lutter aussi sur le plan national. En outre, il faut savoir que l'inflation, tout comme l'action ou l'inaction du pouvoir, dépend étroitement de facteurs psychologiques. Enfin, quitte à paraître incongru, il convient de rappeler que le travail a ses vertus, que les emplois manuels ont leur dignité, et que l'allongement des loisirs se paie obligatoirement, soit par l'accroissement de la productivité, soit par une hausse effrénée des prix. Somme toute, la crise qui déferle nous rappelle une grande et simple vérité: c'est que l'on n'a rien pour rien.

En 1978, le chômage grandissant est une grande source d'inquiétude tandis que l'on continue de traverser une période de récession qui atteint maintenant par son ampleur celle des années trente. On attribue tour à tour cette situation à la hausse des prix du pétrole, à l'inflation, au resserrement du crédit, à la baisse des achats par les consommateurs, mais on ne dit rien ou presque des facteurs importants que sont le niveau de productivité et les perfectionnements technologiques.

L'accroissement de la productivité est l'augmentation de la capacité de produire par travailleur. Comme il faut moins d'heures de travail pour produire autant sinon davantage, il en résulte automatiquement des éliminations d'emplois. Chaque augmentation d'un pourcentage de la production par homme par heure entraîne des déplacements dans l'emploi de près d'un million de personnes aux Etats-Unis. Pour illustrer ce point, disons que 160 000 ouvriers de l'automobile ne retrouveront jamais leur emploi à cause de l'automatisation, tandis que, dans l'industrie sidérurgique, 250 000 travailleurs produisent aujourd'hui autant que 500 000 en 1959. Au cours des vingt dernières années, 1 000 000 d'emplois ont été éliminés dans les chemins de fer. Des machines plus perfectionnées ont remplacé 2 000 000 d'emplois dans les années cinquante et 2 000 000 d'autres dans les années soixante.

Devant cette tendance qui s'affirme depuis plusieurs décennies, des conseillers économiques ont commencé dès 1962 à étudier avec beaucoup d'intérêt l'idée de lier les salaires aux changements s'opérant dans la productivité. Les syndicats ont réagi aussitôt en demandant à leur tour d'inclure dans les conventions collectives des dispositions les assurant d'une augmentation des salaires. Pour absorber les hausses salariales, le patronat recherche naturellement à produire plus à moindres frais, c'est-à-dire en réduisant la main-d'œuvre. Or si l'accroissement de la productivité est un facteur de croissance pour l'économie et d'amélioration du niveau de vie, elle peut aussi s'accompagner de licenciements massifs et d'une hausse de chômage, et, par voie de conséquence, de problèmes sociaux très graves. La structure même de la société peut être mise en péril, ouvrant la voie à l'instauration possible d'un Etat dont l'économie serait rigoureusement dirigée, ou bien à l'anarchie. Le chômage augmente si l'on ne parvient pas à maintenir la demande de biens et de services à un niveau suffisamment élevé pour absorber l'augmentation de la productivité. Il faudrait donc parvenir à répartir équitablement entre les entreprises, les travailleurs et les consommateurs les bienfaits de la hausse de la productivité. L'un des problèmes les plus importants à surmonter vient de la résistance du travailleur. Une pratique courante dans les usines syndiquées comme non syndiquées est de limiter la production quotidienne ou hebdomadaire de chaque travailleur. Une autre est de créer trop d'emplois par l'utilisation forcée d'employés qui ne sont pas nécessaires. Dans les deux cas, cela augmente les coûts de production et par conséquent se traduit par des prix plus élevés au niveau du consommateur. Cela alimente l'inflation, réduit le pouvoir d'achat et amène une sous-consommation, créant finalement encore plus de chômage. Par contre, si on parvenait à éliminer tous les travailleurs superflus, la possibilité d'augmenter les salaires des autres travailleurs s'en trouverait grandement accrue. Mais qu'adviendrait-il alors de ceux qui auraient été éliminés? Ce problème a des dimensions internationales. Un certain nombre de pays approchent rapidement du niveau américain, non seulement sur le plan de la productivité, mais aussi des salaires. En Allemagne de l'Ouest, en Suède, en Belgique, aux Pays-Bas et en France, les travailleurs touchent des salaires atteignant 80 à 90 p. 100 des salaires payés aux Etats-Unis, et au Canada ils atteignent 90 p. 100. Il y a seulement 10 ans, les taux des salaires moyens dans ces pays étaient inférieurs de moitié aux taux américains, et n'eût été du ralentissement engendré par la crise de l'énergie ils auraient atteint les niveaux américains en 1980. L'époque de la main-d'œuvre à bon marché est partout révolue et le problème du chômage qui touche de plus en plus le monde entier ira en s'aggravant. En outre, on a assisté au cours des années soixante à une augmentation spectaculaire de la productivité, en particulier au Japon et en Europe occidentale. Cela a entraîné une augmentation marquée de la concurrence sur les marchés américains et étrangers et de graves dislocations des marchés marginaux. Il apparaît donc clairement inévitable qu'il faudra instituer un contrôle à l'échelle mondiale si l'on veut assurer une stabilité à long terme. Quelles sont les options qui s'offrent pour empêcher une détérioration plus prononcée de l'économie? Un comité d'initiative pour la planification de l'économie

comme les nouvelles négociations, la volonté d'être payés en devises fortes, la concurrence, l'inflation, etc. Mais, chose certaine, les pays arabes sont en train d'accumuler des milliards de dollars et en accumuleront encore plus dans les années à venir.

Si la tendance actuelle se maintient, il est certain que les pays arabes amasseront au moins 200 milliards de dollars en un laps de temps très court, si ce n'est déjà fait. En supposant encore une fois que les circonstances leur soient favorables, ils peuvent réinvestir tout en retirant des dividendes et des profits de la vente du pétrole. Il n'est pas exagéré alors de penser que les pays arabes toucheront entre 2 500 et 3 500 milliards de dollars avant que leurs réserves ne soient épuisées. Une telle fortune amassée à partir de l'épargne forcée des pays industriels occidentaux n'est pas sans laisser perplexes les plus grands rêveurs, ambitieux ou non. Il s'agit de la concentration de la plus formidable fortune jamais connue à travers l'Histoire. On ne peut guère imaginer tout ce qu'on peut faire avec autant d'argent. Il est sûr tout de même que cette masse monétaire constitue un moyen de pression économique et politique sans égal à l'heure actuelle. Cette formidable fortune sera tout de même entamée quelque peu, car des pays comme l'Algérie et l'Irak engageront à peu près entièrement leurs revenus dans leur politique de bien-être, de développement et de défense. Mis à part ces deux pays qui engouffreront à peu près tous leurs avoirs, il en reste bien d'autres comme l'Iran, le Koweit, l'Arabie Saoudite, le Qatar, l'Union des Emirats Arabes et la Libye qui disposeront de milliards de dollars à réinvestir. En effet, on estime à environ 30 à 50 p. 100 de leurs revenus pétroliers les sommes nécessaires à leur bien-être, à leur développement, à leur défense. Où investiront-ils alors les centaines de milliards de dollars qu'il leur restera? C'est le défi majeur de l'Occident au cours du prochain quart de siècle.

La politique arabe à long terme

Après avoir pris conscience de leur force devant les pays industrialisés, les pays arabes ont abandonné un peu la ligne dure des menaces d'embargo pétrolier ou de hausses des prix pour s'engager dans un dialogue franc et agressif avec les pays riches. Le sommet d'Alger (1975) s'est terminé sur le ton de la modération, de la bonne volonté, de l'ouverture des pays exportateurs de pétrole à l'égard des pays industrialisés victimes d'une lourde crise économique. Mais malgré ce calme relatif, l'horizon demeure d'une clarté imprécise quant au succès final d'une entente entre producteurs et consommateurs. Face à l'agence internationale de l'énergie, les Arabes se gardent bien de jouer au bienfaiteur ou à l'exploiteur. Elle veut une collaboration nouvelle dans l'égalité. Ce qui apparaît comme la ligne politique majeure des grands du pétrole, c'est d'amener les pays industrialisés à travailler au relèvement des pays du Tiers monde. Mais le réflexe viscéral des pays riches consiste à se protéger égoïstement par tous les moyens de la pression économique exercée par la surenchère du pétrole. Les pays arabes saisissent bien qu'ils ne peuvent gagner contre les pays puissants au seul nom du pétrole et de leurs droits à le vendre au prix qui leur convient.

Aussi les pays arabes exportateurs se sont-ils gardés de relancer une guerre des prix dont l'issue aurait pu être fatale pour tout le monde. Ils ont argumenté de façon positive, au profit d'un nouvel ordre économique mondial permettant le relèvement des pays pauvres. Ils se sont dits prêts à geler ou même réduire les prix du précieux liquide, non pas à cause de la menace de représailles des pays riches, mais à cause de leur désir de prendre le leadership de la cause du Tiers monde. Ils ont parlé moins d'affrontement et plus de coopération, sachant que les pays industrialisés sont seuls capables de fournir l'aide technique et le génie nécessaires à un si vaste et urgent projet, sachant également que désormais les enjeux ne pourront être définis sans tenir compte de la puissance de ces quelques pays en voie de développement qui détiennent un quasi-monopole sur la production pétrolière si importante pour les nations industrialisées.

On pourrait croire que les Arabes s'assagissent. D'une certaine façon, oui. Mais c'est le signe d'une détermination bien arrêtée, non d'un recul, en fonction d'une perspective qui dépasse les simples enjeux de la crise pétrolière. Le combat a pris les dimensions d'un mouvement irréversible pour le réaménagement des solidarités et des formes de partage à la grandeur de la planète. Si enfin, grâce à eux, le Tiers monde réussissait à faire valoir avec une certaine puissance ses besoins et ses droits, on peut présumer que son action porterait en elle les espoirs de la majorité des peuples.

Les chefs d'Etat arabes ont offert de négocier les conditions de la stabilisation des prix du pétrole, mais ils ont précisé que ces prix devraient être liés à ceux des produits manufacturés, des services et de la technologie dont ils ont besoin. Ils affirment que les prix du pétrole, en dépit d'un apparent réajustement important, ont perdu une grande partie de leur valeur réelle en raison de l'inflation. Les déclarations assurent aussi que les prix actuels sont bien inférieurs à ceux qui seraient à payer pour une source d'énergie de remplacement. Néanmoins, les pays arabes sont prêts à négocier leur stabilisation. Les déclarations reprennent aussi une série de principes généraux, mais ne font pas mention des modalités de leur application.

Ils insistent sur la nécessité de venir en aide aux pays en voie de développement qui ne possèdent pas de pétrole et ils demandent une réforme du système monétaire international. Par ailleurs, ils indiquent que les prix du pétrole devraient être déterminés à l'avenir en tenant compte de la nécessité de conserver le pétrole et en relation avec le prix des produits manufacturés, le taux d'inflation et les termes d'échange. Ils ont condamné les campagnes d'intimidation et les tentatives de faire reposer la responsabilité de l'inflation sur les pays producteurs. Ils dénoncent aussi toute forme de regroupement des consommateurs dont l'objectif serait l'affrontement et condamnent tout plan ou stratégie orientés vers une agression militaire contre les pays arabes. Ils se déclarent disposés à prouver leur solidarité avec le Tiers monde en offrant de nouveaux crédits, des prêts et en coordonnant leur assistance à long terme.

VII

Les réflexes de défense des pays occidentaux

Les principales sources d'énergie dont dépend le monde industriel seront taries d'ici 50 ans, la population du globe doublera au cours des 35 prochaines années, mais les ressources alimentaires ne suivront probablement pas. Ce sont là de très graves problèmes, si complexes et terrifiants qu'on en frémit.

Un fait apparaît surtout à l'évidence, l'insuffisance des ressources en denrées alimentaires. Personne ne contestera qu'à moins que la production d'aliments dans les pays développés n'augmente d'au moins 35 p. 100 au cours des douze prochaines années, il n'y a pas de moyen prévisible d'empêcher une famine de proportions gigantesques. Tout le monde écoute attentivement ces prévisions; aux Etats-Unis seulement, par exemple, la consommation de pétrole est passée de 2,37 millions à 17 millions de barils par jour entre 1950 et 1977. L'ère de la croissance industrielle rapide alimentée par des matières premières à bon marché est bel et bien terminée. Pour éviter un désastre complet, il faudra s'attaquer davantage à développer de nouvelles sources d'énergie, plus durables comme l'énergie thermonucléaire. La possibilité plus immédiate serait l'utilisation de l'énergie solaire, ce qui est déjà techniquement réalisable.

D'autre part, la terre est menacée d'asphyxie par la pollution. La diffusion toujours plus grande de monoxyde de carbone dans l'atmosphère par l'utilisation de combustibles fossiles risque à long terme d'être catastrophique pour l'environnement. Le processus de détérioration de la nature est lent, mais il faut prendre dès maintenant les mesures nécessaires pour enrayer cette tendance. Au plan des ressources, la situation est plus grave: la pénurie existe déjà. Les ressources minérales comme les ressources pétrolières s'épuisent rapidement. Les Etats-Unis exportent déjà 50 p. 100 ou plus de minerais comme la bauxite, le chrome, le manganèse et le nickel utilisés dans les alliages d'acier; le tungstène, et la potasse essentielle à l'agriculture. Alors qu'on utilisait à peine une trentaine de métaux au début du siècle, on en utilise aujourd'hui plus de soixante-dix qui servent au progrès industriel.

Le problème démographique est encore plus alarmant. En l'an 2000, la population mondiale sera de 8 milliards d'êtres humains, en 2033 de 12 milliards et en 2066 de 24 milliards, selon la progression actuelle. Or, la terre ne semble pas avoir assez de ressources pour alimenter tout ce monde et si l'on ne trouve pas le moyen de réduire la masse humaine, il y a de fortes chances pour qu'on assiste à des famines généralisées dans certaines régions du monde, comme l'Inde, le Bangladesh et l'Afrique.

La première réaction des pays industrialisés face à l'interruption des livraisons du pétrole arabe et à la hausse de prix décrétée par l'OPEP a été d'épargner l'énergie le plus possible. Pris de court, ils n'ont pas trouvé mieux dans les circonstances et il s'en est suivi une foule d'initiatives pour brûler moins de pétrole: on baissa les thermostats, on réduisit la vitesse maximale permise sur la route, on encouragea le transport en commun, etc. La soudaine raréfaction et la hausse des prix ont ouvert les yeux des pays industrialisés. On s'aperçut très vite que ces pays gaspillaient les ressources pétrolières venant des pays arabes et des autres pays et qu'ils trouvaient cela normal, parce que le produit leur était livré régulièrement, à profusion, sans problème et à un prix très bas. Ils ne s'étaient pas souciés outre mesure de l'avenir des Arabes, de leur importance sur l'échiquier mondial et du rôle qu'ils entendaient jouer chez eux aussi bien qu'en dehors de leurs frontières. Les pays industrialisés puisaient tant qu'ils le pouvaient dans les ressources pétrolières à bon marché et versaient des royautés pensant que tout resterait immuable pendant de nombreuses années. Tel ne fut pas le cas et, de nos jours, les pays industrialisés ont contracté des habitudes de gaspillage des ressources qui devront tôt ou tard être corrigées.

Les pays industrialisés profitent aussi d'un niveau de vie élevé, sans trop se soucier de l'utilisation de leurs ressources. Cependant, ils sont en train d'apprendre de dures leçons de prudence en matière d'énergie, et ce sont les Arabes qui leur dispensent ces leçons. Partout l'environnement est en danger, le coût d'exploitation des ressources augmente et c'est à l'échelle mondiale que les mesures doivent être prises. La conservation demeure l'une de ces mesures. D'ailleurs, il faudra bien considérer toutes les solutions réalistes un jour, si on ne veut pas sombrer dans une crise plus grave due surtout à l'insouciance.

Au rythme où vont les choses dans les pays industrialisés, on évalue à 300 millions de BTU[1] la consommation énergétique moyenne annuelle par habitant en Amérique du Nord et à 150 millions de BTU la même consommation en Europe occidentale et au Japon. Cela veut dire que les pays industrialisés consommeront deux fois plus d'énergie d'ici 12 ans et que leur capacité de production devra doubler dans ce même laps de temps. Cela veut dire aussi que les Arabes joueront un rôle deux fois plus important d'ici 12 ans. Garder ce rythme voudrait dire pour le Canada, par exemple, des déboursés d'environ $100 milliards d'ici 12 ans pour de nouvelles génératrices, lignes à haute tension, mines de charbon et d'uranium, de nouveaux puits de pétrole et de gaz naturel, de nouveaux oléoducs, etc., soit un déboursé d'environ $20 000 par famille canadienne.

Une réduction de 20 p. 100 de la demande en énergie paraît réaliste et souhaitable à la plupart des pays industrialisés. De plus grandes économies d'énergie seront même possibles dans une multitude de secteurs quand ces pays auront compris la différence entre nécessité et gaspillage. Qu'ils regardent à l'échelle mondiale et ils devront admettre que le problème est aussi d'ordre moral du fait que, pour bon nombre de peuples et de pays, il s'agit d'une question de survie, car de nombreux pays ne disposent pas de suffisamment d'énergie pour satisfaire les besoins essentiels de leur population. Il s'agit là d'une question de conscience que les Arabes se posent eux aussi, mais qui restait insoluble tant et aussi

---

1. BTU: British Thermal Unit.
1 000 000 BTU: 35,8 kg d'équivalent-charbon.

longtemps que les Arabes n'avaient fait voir aux pays industrialisés leur insatiable goût du lucre et leur irresponsabilité
notoire dans un domaine aussi indispensable que l'énergie.

Comment tirer le maximum
des sources énergétiques?

Depuis toujours, c'est l'énergie qui mène le monde. De
temps immémorial, elle nous est venue du soleil et de la chute
de l'eau. L'énergie solaire nous est fournie, soit directement,
soit par les plantes, les animaux et les fossiles dans lesquels
elle est emmagasinée. L'homme a su faire usage de ces sources
d'énergie, en la tirant des feuilles des plantes et de la chair
des animaux qu'il mange, des branches d'arbres qui lui servent de combustible, de la houille, du pétrole et du gaz, de
la chute de l'eau et même du vent. On a découvert récemment
une autre source d'énergie: celle qui lie les atomes.

Certaines de ces sources nous livrent facilement l'énergie
qu'elles contiennent, tandis que d'autres résistent encore aux
efforts les plus soutenus. Réunies, les unes et les autres forment les ressources énergétiques de l'univers, ressources
qu'on considérait encore tout récemment comme acquises.
L'augmentation du prix du pétrole et du gaz ainsi que les
doutes quant aux réserves ont toutefois avivé l'intérêt envers
toutes les sources énergétiques. Quelle est la quantité des
ressources et quelles sont celles que l'humanité peut utiliser?

Le pétrole et le gaz sont actuellement les combustibles
les plus répandus. Mais ce ne sont pas les seules sources
d'énergie: les dépôts de houille et d'uranium, le soleil, la
marée et la chaleur interne de la terre en sont autant d'autres.
Additionnées, elles représentent une telle ressource que la
terre ne court aucun danger de manquer d'énergie dans un
avenir prévisible. Pendant que les compagnies pétrolières
continuent à chercher de nouvelles réserves, les hommes de
science et les ingénieurs étudient des méthodes de remplacement comme la transformation de la houille en gaz ou en
pétrole brut synthétique, propres au transport par pipe-line, et
ils essaient de résoudre les problèmes de la pile surgénératrice à neutrons rapides (qui crée du combustible, du plutonium,
tout en consommant de l'uranium). Ces deux nouvelles formes d'énergie sont les plus prometteuses, puisque leur technologie est assez bien connue.

Dans leur recherche de réserves de pétrole et de gaz, les

géologues, géophysiciens et autres spécialistes des sciences telluriques tentent d'améliorer leurs chances en ayant recours à toutes les techniques connues. Ils cherchent des zones de roche poreuse emprisonnée sous une roche compacte, qui a ainsi permis au pétrole ou au gaz de s'accumuler.

Comme il n'existe pas encore de moyen qui permette de déceler directement sous terre où sont les pièges (tout comme on ne peut détecter directement la présence de pétrole ou de gaz), la structure du sous-sol se déduit d'observations géophysiques, et la présence possible de roche pétrolifère, d'observations géologiques. La sismographie représente environ 95 p. 100 des recherches géophysiques. Les 5 p. 100 qui restent vont à la prospection magnétique et gravimétrique.

Dans la prospection sismique, on provoque une explosion en surface, on capte à l'aide de géophones et on enregistre les ondes sonores réfléchies ou renvoyées par les différentes couches de roches souterraines. Naguère, on ne pouvait à peu près pas obtenir d'autres données que les temps de réflexion à partir des diverses couches. On en déduisait la présence ou l'absence de structures propres à emprisonner des hydrocarbures. C'est encore aujourd'hui le but premier de la prospection sismique, mais on a récemment mis au point des techniques qui permettent de tirer plus de données des enregistrements sismiques et de le faire mieux et plus vite. On y parvient à l'aide d'ordinateurs numériques rapides.

La recherche sur la prospection sismique se poursuit. Le Massachussetts Institute of Technology essaie de mieux comprendre comment la structure de la roche influence la transmission des vibrations sismiques. S'il y parvient, les géophysiciens pourront calculer pourquoi l'énergie sismique se modifie en passant dans du sable imprégné d'hydrocarbures, comparer les données obtenues dans le cas de sable imprégné d'eau et trouver ainsi une méthode sismique de recherche directe des gisements d'hydrocarbures, au lieu de trouver simplement des emplacements prometteurs pour les forages.

Récemment, les chercheurs de pétrole ont quitté la terre ferme et les eaux profondes voisines des côtes, pour aller explorer le sous-sol des mers les plus inhospitalières: la houleuse mer du Nord, le brumeux Atlantique et le glacial Arctique. En mer, on ne peut, comme sur terre, affecter la dynamite à la prospection sismique, sous peine de nuire à la faune marine. Comment récupérer au maximum le pétrole des champs actuels? Voilà une autre question d'importance. La quantité de pétrole que l'on peut récupérer d'un réservoir dépend de trois choses: la viscosité du pétrole, la perméabilité de la roche et la pression du réservoir. La pression suffit parfois à déloger le pétrole des pores de la roche réservoir et à le faire monter jusqu'à la surface par le trou de sonde et le tube. La pression baisse à mesure que l'on retire le pétrole et l'on doit recourir éventuellement au pompage. La pression peut venir de gaz situé au-dessus du pétrole ou en solution dans celui-ci ou encore d'eau située dessous, ou même de toutes ces sources à la fois. Pour augmenter la quantité de pétrole dans les champs à faible récupération, le producteur recourt parfois à des méthodes secondaires. Il peut ainsi procéder par injection de gaz: il s'agit de remettre en solution dans le pétrole le gaz produit et d'augmenter ainsi la pression. Plus couramment, toutefois, on pompera de l'eau dans le gisement pour extraire plus de pétrole des puits productifs. Le producteur peut encore injecter un banc de dissolvant au propane-butane au-dessus du pétrole. En descendant dans le réservoir pendant que le pétrole est retiré, le dissolvant déloge jusqu'à 90 p. 100 du pétrole brut contenu dans la roche poreuse.

Une récupération aussi forte est toutefois très rare. On cherche actuellement des moyens de récupération tertiaire qui permettent de sortir encore plus de pétrole des réservoirs. Ni le gaz ni l'eau ne peuvent à eux seuls libérer les plus petites particules de pétrole des pores de la roche. On pourrait peut-être le faire à l'aide de détergents additionnés de polymères épaississants, suivis d'injections d'eau. Le détergent réduit la tension superficielle du pétrole, diminuant ainsi son adhérence à la roche, tandis que le polymère permet un rinçage uniforme du réservoir.

L'intérêt à l'égard des moyens tertiaires a récemment grandi face à l'augmentation prévue du prix du pétrole brut, ce qui permettra de couvrir les frais élevés du procédé. La hausse des prix stimule aussi l'intérêt envers les gisements de pétrole qu'on ne peut exploiter selon les procédés classiques. Il existe ailleurs dans le monde des réserves d'hydrocarbures; par exemple, il y a des milliards de barils de pétrole dans les zones de bitume de l'est du Venezuela, les accumulations de bitume du miocène en Sicile, la zone de bitume du sud de Mendoza en Argentine, les gisements d'asphalte de Trinidad et les schistes bitumineux du Colorado. A l'exception du lac d'asphalte de Trinidad et des zones de bitume du Venezuela, aucun de ces gisements n'est exploité commercialement, malgré les recherches intensives effectuées sur les schistes bitumineux des Etats-Unis. A Parachute Creek, dans le Colorado, une usine pilote de 1 000 tonnes par jour fonctionne par intermittence depuis quelques années. Elle accumule des données en vue de l'implantation d'une usine de 66 000 tonnes par jour qui produirait quotidiennement 53 000 barils de pétrole à partir du kérosène cireux contenu dans le schiste. Encore là, il faut traiter de grandes quantités de roches. C'est pourquoi une autre compagnie américaine a fait l'essai de l'injection de vapeur. Les résultats furent modestes. Elle a aussi fait breveter un procédé par lequel du gaz naturel chauffé est pompé dans la terre pour imprégner le schiste, vaporiser le kérosène et en faire la récupération en surface par des puits de type classique.

Certains préconisent une méthode plus rapide de récupération du pétrole contenu dans le schiste: la « stimulation nucléaire ». Il s'agit en somme d'une petite explosion atomique souterraine. On prétend que la très grande chaleur ainsi créée éclaircirait le pétrole et le laisserait s'accumuler dans un réservoir souterrain formé par l'explosion.

Les Américains cherchent actuellement à mieux utiliser une bonne vieille source d'énergie: la houille. Si les réserves américaines de houille pouvaient être transformées en gaz synthétique propre au transport par pipe-line (environ 1 000 BTU au pied cube), elles combleraient les besoins de gaz des Etats-Unis pour environ 250 ans au taux de consommation prévu pour 1990. Les réserves houillères du Canada, qui équivalent à 450 milliards de barils de pétrole, renferment 25 fois plus d'énergie que les réserves de pétrole et de gaz ordinaires du pays et suffisent aux besoins canadiens de pétrole et de gaz pour 265 ans, selon les prévisions d'utilisation de 1990. On tente aussi de transformer la houille en un combustible gazeux liquide, plus facile à transporter et plus propre. L'une des conséquences de la combustion de charbon brut, riche en soufre, est la production d'anhydride sulfureux, d'arsenic, de plomb et de béryllium. On met à l'essai divers moyens pour éliminer l'anhydride sulfureux des gaz s'échappant des cheminées des fourneaux, mais il serait peut-être plus efficace de désulfurer le combustible avant de le brûler.

On a mis de l'avant divers procédés pour convertir la houille eh combustible liquide et en enlever alors le soufre. Mais sa transformation en gaz est plus prometteuse puisque la technologie en est mieux connue. La houille se gazéfie facilement: en réaction avec l'eau à haute température, elle forme du méthane, principal composant du gaz naturel. Le gaz de houille servait autrefois largement à l'éclairage des rues et à la cuisson des aliments. Toutefois, comme il renferme seulement 50 p. 100 de méthane, il dégage environ deux fois moins de chaleur que le gaz naturel.

On peut améliorer le gaz de houille pour en faire un gaz naturel synthétique propre au transport par pipe-line: on retient un peu de gaz carbonique produit pendant la réaction initiale, on lui ajoute de l'hydrogène et on le transforme en méthane par catalyse. Le gouvernement fédéral américain et l'industrie du gaz dépensent actuellement environ $100 millions par année pour perfectionner le procédé. D'après un récent rapport du Bureau américain de prévoyance en matière d'énergie, on devra investir jusqu'à $20 milliards d'ici la fin des travaux à la création d'usines de gazéification de la houille et il faudra ajouter des milliards pour accroître la production houillère et alimenter ces usines en matière première.

Parmi les autres méthodes étudiées, il y en a une que l'on juge extrêmement prometteuse: il s'agit d'associer à un combustible gazeux tiré de la houille et à faible teneur en BTU un ensemble de turbines à gaz et de turbines à vapeur. Comme les turbines à gaz n'exigent pas nécessairement de combustibles riches, le projet est de produire à partir de la houille un combustible à faible dégagement de chaleur, de la « nettoyer » pour en retirer le soufre et d'en alimenter les turbines à gaz. L'évacuation des turbines peut atteindre 200° C, ce qui est bien suffisant pour former la vapeur destinée aux turbines classiques. On obtient donc une plus grande efficacité qu'auparavant (peut-être 50 p. 100 à comparer aux 35 à 40 p. 100 habituels) à partir d'un combustible relativement bon marché.

On ne sait pas très bien ce qui va sortir de cette masse de recherches, mais les Etats-Unis sont fortement poussés par la nécessité à augmenter leur capacité de production électrique, domaine où la prétendue pénurie d'énergie est la plus grave. Depuis des années, les Américains font largement appel à l'énergie électrique. Les Canadiens les suivent de près, mais ils sont bien moins nombreux. Des 4,9 trillions de kilowatts-heures d'électricité produits en 1970 par les génératrices de la terre, 1,6 trillion, environ le tiers, ont été consommés par les Américains. Les Canadiens en ont utilisé

202 milliards, dont près des trois quarts d'origine hydraulique.

Maintenant que l'électricité fournie par des moyens atomiques devient concurrentielle à l'égard de celle des centrales à combustibles fossiles, le nombre des centrales nucléaires des Etats-Unis grandit. A la fin de 1977, on comptait 64 unités prêtes ou prévues. Les Etats-Unis sont actuellement le premier producteur d'électricité atomique, avec 47 milliards de kWh en 1977, suivis par le Royaume-Uni, avec 32 milliards. La production canadienne s'est établie à environ quatre milliards de kWh. On a prédit qu'en 1990 environ 45 p. 100 de l'électricité des Etats-Unis seront produits par l'uranium. Au Canada, les prédictions parlent de 30 p. 100 pour 1990.

Les usines nucléaires actuelles utilisent la fission, procédé par lequel des neutrons, ralentis par un modérateur, désintègrent les atomes d'uranium, libérant ainsi un nombre accru de neutrons et créant une chaleur élevée que l'on peut canaliser pour générer de la vapeur qui, à son tour, actionne des turbines rattachées à des génératrices électriques. Il existe une variante sur laquelle on fonde de grands espoirs: il s'agit de la pile surgénératrice à neutrons rapides, qui crée plus de combustible qu'elle n'en consomme en transformant l'uranium 238, relativement abondant, en uranium 239 fissible, ou bien le thorium 232 en uranium 233 fissible. C'est donc là une solution séduisante du point de vue du combustible.

Pendant ce temps, les Etats-Unis ont prévu un budget de $500 millions pour la fabrication d'une pile surgénératrice à grande échelle. On s'attend que le Royaume-Uni fasse de même sous peu et l'URSS en a une qui fonctionne expérimentalement. Les piles surgénératrices ou presque surgénératrices peuvent tirer tellement d'énergie d'une fraction si minime des réserves mondiales d'uranium et de thorium qu'on n'a pas à craindre de pénurie pour au moins des centaines de siècles et peut-être des millions d'années.

La génératrice à fusion d'hydrogène est toute différente et c'est une source presque illimitée d'énergie. Imaginez un immense beignet métallique creux, d'un diamètre de 9,15 m, entouré d'innombrables tours de fil pour produire des particules d'hydrogène lourd, du deutérium, de façon qu'elles soient projetées les unes contre les autres, contre leur répulsion naturelle. Si tout va bien, ces noyaux d'hydrogène se fondront en un autre élément, l'hélium, qui libérera de grandes quantités de chaleur. Le champ magnétique sert à retenir les particules chaudes (jusqu'à 50 millions de degrés) au centre du beignet, loin des parois qui dissiperaient la chaleur. Comme toujours, on extrait la chaleur pour faire fonctionner des turbogénératrices, mais il se peut que l'on puisse produire directement de l'électricité, éliminant ainsi le recours aux turbines qui font perdre de l'énergie.

La théorie est merveilleuse, mais jusqu'ici les chercheurs d'une demi-douzaine de pays n'ont pu la mettre en pratique. Ils ont dû faire face à toutes sortes de difficultés techniques. Par exemple, ils tentent toujours d'éclaircir le mystère des plasmas, ces blocs de gaz chaud et hautement ionisé. On connaît bien le gaz légèrement ionisé des tubes fluorescents. En raison de son ionisation, il conduit l'électricité et s'illumine. Un plasma hautement ionisé ne fait pas que luire; il peut aussi devenir extrêmement chaud, assez pour déclencher une réaction de fusion. La difficulté est de l'écarter des parois de son contenant pour éviter de perdre sa chaleur.

Par ailleurs, il y a dans la coulisse une solution en quête de problèmes: le laser, capable de créer des températures élevées dans un très petit espace. Pourquoi ne pas projeter sur une pastille d'hydrogène lourd gelé (du deutérium) une impulsion de laser de forme et d'intensité appropriées pour provoquer une réaction de fusion? Telle est la question à laquelle tentent de répondre quelques laboratoires. Les lasers actuels ne sont pas tout à fait assez puissants, mais leur rendement augmente sans cesse. La fusion de l'hydrogène en laboratoire pourrait se faire au cours de l'année qui vient comme dans 20 ans: personne ne le sait vraiment.

Bien des gens n'aiment pas tellement entendre parler de l'énergie nucléaire. Une des raisons qui expliquent son retard à se répandre aux Etats-Unis, c'est que tout le monde se dit: « Vous ne viendrez pas construire cette affaire-là près de chez nous. » On craint que les centrales atomiques n'explosent comme une bombe; pourtant, tous les experts s'accordent à dire que c'est quasi impossible. On craint aussi que la décharge constante, même faible, de gaz et de liquides radioactifs ne menace la santé; qu'un accident tragique ne disperse dans l'air de la matière radioactive; que l'évacuation du combustible usé, mais encore hautement radioactif, ne fasse courir un danger; et que la quantité d'eau nécessaire au refroidissement des usines ne crée de la pollution thermique dans les lacs et rivières vers lesquels elle retournera. Beaucoup de gens estiment que ces questions ne sont pas encore réglées et leurs objections ont ralenti le rythme de construction des usines d'énergie nucléaire, surtout aux Etats-Unis. Il y a une source d'énergie qui est absolument sûre, non polluante et inépuisable: le soleil. Des scientifiques français utilisent depuis des années un grand réflecteur capable d'atteindre des températures de 2 800° C. Ces hommes de science s'en servent pour leurs recherches sur des alliages là où un fourneau classique risquerait de contaminer les éléments. Au-delà de l'atmosphère terrestre, la radiation solaire est plus intense, assez puissante pour faire fonctionner des dispositifs de sondes spatiales, comme celles du groupe Mariner. Il faut cependant utiliser des cellules photovoltaïques spéciales au silicium. Seule la NASA a les moyens de se les offrir.

Le coût élevé des cellules au silicium a amené des recherches pour trouver des transformateurs de lumière plus efficaces et moins chers. Utilisés dans de vastes réflecteurs paraboliques disposés dans l'espace pour capter les radiations solaires, ces dispositifs transformeraient les rayons du soleil en énergie électrique qui serait renvoyée à la terre par micro-ondes. Le coût total d'un tel projet, tout en étant élevé, pourrait bien se situer au delà des $100 milliards que les compagnies américaines d'électricité estiment devoir débourser d'ici 20 ans pour répondre à la demande de leur clientèle.

On a proposé un projet au sol pour le sud-ouest des Etats-Unis. Dans ces déserts presque sans nuages, l'énergie solaire arrive au rythme impressionnant de 800 watts au mètre carré, six à huit heures par jour, pendant presque toute l'année. Des surfaces captrices, recouvertes spécialement pour augmenter l'absorption de chaleur et réduire au minimum la radiation inverse, emprisonneraient la chaleur du soleil dans du sodium liquide qui transférerait celle-ci dans des réservoirs de stockage contenant des sels fondus. On pourrait tirer de ceux-ci de l'énergie qui actionnerait des turbines à vapeur. Cela réglerait partiellement le problème d'obtenir de l'énergie en période de moindre ensoleillement.

Tout récemment, plus précisément au début de 1975, la Commission d'étude sur l'énergie solaire (composée de membres de la Fondation nationale américaine pour la science et de la NASA) déclarait que, si la recherche disposait des fonds voulus, l'énergie solaire pourrait fournir, à partir de l'an 2020, jusqu'à 35 p. 100 du chauffage et de la climatisation des immeubles, 30 p. 100 des besoins américains en combustible gazeux, 10 p. 100 du combustible liquide et 20 p. 100 de l'énergie électrique. La Commission croit que, si la recherche réussit, on pourra commercialiser l'énergie solaire comme source de chauffage d'ici cinq ans, comme source de climatisation d'ici 6 à 10 ans, comme combustible synthétique tiré de matières organiques d'ici 5 à 8 ans et comme source d'électricité d'ici 10 à 15 ans.

Le coût du programme de recherche? Environ \$3,5 milliards. Et ce sont les contribuables américains qui paieraient la majeure partie de la note.

Il y a une dernière source d'énergie encore peu exploitée, qui n'exige qu'une technique simple et crée peu ou point de pollution. Il s'agit de l'énergie géothermique, source dont se servent pour produire de l'électricité les habitants de Lardarello, en Italie, depuis 1904. On sait donc que ça marche! Dans certains cas, le coût peut être modique: aux geysers du nord de la Californie, une société américaine produit une petite quantité d'électricité à partir de la vapeur géothermique. Son prix de revient est de cinq dixièmes de cent le kilowatt-heure, ce qui est à rapprocher de sept dixièmes de cent pour l'électricité thermique classique en Californie et d'environ neuf dixièmes de cent pour l'énergie nucléaire.

L'énergie géothermique provient généralement de réservoirs de vapeur surchauffée, situés loin sous terre, dans des régions d'activité volcanique récente, telles la Nouvelle-Zélande, l'Islande et certaines régions de la Californie. Pour produire des quantités suffisantes d'énergie, il faut forer pour trouver les réservoirs et en soutirer de la vapeur ou de l'eau bouillante. Les réservoirs contiennent parfois de la saumure chaude, qui ferait rouiller le dispositif de production de la vapeur et libérerait des gaz nocifs, comme de l'hydrogène sulfuré ou du fluor. On peut surmonter la difficulté en faisant passer de l'eau propre de la surface de la terre par un trou menant à la source d'eau chaude où elle se transforme en vapeur et d'où elle revient par un autre tuyau pour alimenter les turbines.

Doit-on retenir la solution de l'énergie géothermique? Une étude récente, subventionnée par la Fondation nationale américaine pour la science, conclut que cette source pourrait produire 132 000 mégawatts d'électricité en 1985. La production américaine totale est actuellement de 350 000 mégawatts. On a révélé récemment que le ministère américain de l'Intérieur offrira bientôt à bail quelque 24 millions d'hectares de terres fédérales à potentiel géothermique et que six grandes compagnies pétrolières forent et explorent actuellement le sous-sol à la recherche d'énergie. Mais on ne peut savoir encore si l'apport de cette intéressante source à l'approvisionnement en électricité sera important ou secondaire.

Les vents et marées peuvent aussi servir de sources énergétiques bien que les efforts en ce sens aient été jusqu'ici assez modestes. Les immenses moulins à vent des Pays-Bas ont actionné pendant des années des pompes qui ont permis aux Hollandais d'arracher de la terre à la mer. Un moulin à vent de 4,5 m de diamètre peut produire un peu plus d'un cheval-vapeur. Le problème principal du vent (qui a l'avantage d'être gratuit, exception faite de l'investissement initial) est celui du stockage de l'énergie quand le vent ne souffle pas. L'énergie de la marée? Récemment, le gouvernement de France a construit une usine marémotrice à l'embouchure de la Rance, où la marée dépasse 8,2 m. Il faut que les marées soient fortes pour qu'on en tire de l'énergie.

Le travail se poursuit aussi sur d'autres fronts. Le but? Tirer toujours plus d'énergie d'une quantité moindre de combustible. Ainsi, on prévoit que la génératrice magnétohydrodynamique, qui produit de l'électricité quand des gaz chauds traversent un champ magnétique, sera beaucoup plus efficace que la centrale thermique classique, si on parvient à résoudre les problèmes techniques. L'efficacité des génératrices ordinaires peut être accrue par le refroidissement de leurs bobines dans l'hélium liquide pour diminuer la résistance électrique et accroître la production; de telles génératrices à super-refroidissement sont en construction aux Etats-Unis, au Japon, en Grande-Bretagne, en France et en Allemagne de l'Ouest.

Que conclure de notre enquête sur la technique de l'énergie? Que le monde ne manque pas d'énergie potentielle. Toutefois, le prix de revient est appelé à augmenter à mesure que les sources faciles à mettre en valeur se raréfient, car cela rend plus attrayantes les sources de coût élevé. Cela stimule aussi la recherche d'autres moyens de fournir de l'électricité, de chauffer les maisons et de faire fonctionner les usines.

Un exemple: le Royaume-Uni
Pendant une centaine d'années, le charbon a alimenté le développement industriel de la Grande-Bretagne, lançant des

nuages noirs dans le ciel des Midlands et provoquant les fameux brouillards de Londres.

En 1913, la Grande-Bretagne produisait 287 millions de tonnes de charbon et en exportait 94 millions de tonnes. Les houillères employaient plus d'un million de travailleurs. Dès leur adolescence, les hommes descendaient dans la mine et passaient le reste de leur vie à broyer et à pelleter du charbon dans des tunnels mal éclairés et souvent trop bas pour qu'ils puissent se tenir debout. Mais au cours des 50 dernières années, jusqu'à la hausse spectaculaire du prix du pétrole, les charbonnages ont décru, en Grande-Bretagne comme partout ailleurs. La nationalisation de l'industrie en 1947 n'a pas empêché la fermeture de vieilles mines peu rentables. Le nombre de travailleurs occupés à l'extraction du charbon a continuellement diminué. Les anciens mineurs allaient travailler dans d'autres industries plus rémunératrices et qui offraient des tâches moins pénibles. En 1947, les mines de charbon de la Grande-Bretagne employaient encore trois quarts de million de travailleurs; actuellement, moins d'un quart de million.

Puis soudain le prix du pétrole quadrupla et le charbon redevint une source d'énergie compétitive. Le National Coal Board fit des projets ambitieux pour doubler les investissements dans les houillères, afin de creuser de nouvelles galeries et augmenter la production. On espère porter celle-ci de 115 millions de tonnes par année à 150 millions de tonnes vers 1985. La réalisation de ces projets ne semble possible que parce que, durant les années difficiles de l'après-guerre et de la nationalisation, le Coal Board s'est constamment efforcé d'améliorer ses techniques, a fermé des vieilles mines non rentables pour en ouvrir de nouvelles. Au cours de la Seconde Guerre mondiale, 97 p. 100 du charbon était extrait au pic et à la pelle. Actuellement, 95 p. 100 du charbon produit en Grande-Bretagne est arraché des entrailles de la terre par des machines installées le long d'un convoyeur de 300 m grugeant la houille comme des rasoirs électriques géants. Pour les ouvriers qui conduisent les machines tout en faisant avancer des étais hydrauliques pour empêcher le plafond de la galerie de s'effondrer, le travail est encore épuisant. Mais les équipes progressent dans les galeries à raison de 4 m à toutes les 24 heures. Au temps du travail manuel, il fallait trois quarts de travail pour progresser d'environ 1 mètre. Les ouvriers du premier quart détachaient le charbon au moyen de la dynamite et des pics; ceux du second quart plaçaient le charbon sur le convoyeur, à la pelle; ceux du troisième quart étayaient la galerie et faisaient avancer le convoyeur.

C'est ainsi qu'on travaillait dans les mines anglaises avant la mécanisation sur une haute échelle, et ce dernier investissement semble beaucoup plus sûr que l'exploration pétrolière en mer du Nord. Même si le Royaume-Uni ne doit pas négliger cette ressource, il reste que les champs pétrolifères de la mer du Nord sont beaucoup plus aléatoires que la traditionnelle houillère anglaise.

Qu'on prenne par exemple le pétrole de la mer du Nord, espoir de l'Europe et surtout du Royaume-Uni, il est d'ores et déjà condamné pour plusieurs raisons. On ne s'entend pas encore sur le partage des zones de forage. Les revendications passent par la Norvège, la France, le Royaume-Uni et d'autres pays. Les quelque 200 compagnies qui y explorent la plate-forme continentale appartiennent à des intérêts canadiens, américains, anglais, australiens, français, norvégiens et arabes si ceux-ci décident d'en acheter des actions. On pense encore que le pétrole de la mer du Nord sera l'actif contre lequel le Royaume-Uni pourra emprunter tout l'argent dont il aura besoin pour se sortir du déséquilibre occasionné par une balance déficitaire des paiements. Rien n'est moins sûr car, même si on estime les réserves connues de la mer du Nord à 20 milliards de barils, soit l'équivalent de la Libye ou du Venezuela, on est loin d'être sûr d'extraire autant de pétrole et les puits déjà forés n'ont de succès qu'une fois sur huit environ. Les profits fantastiques qu'on espérait tirer des développements et qui étaient basés sur le fait que les prix mondiaux du pétrole avaient quadruplé ont été en partie compromis par l'escalade des coûts, escalade qui semble presque incontrôlable.

Pourtant le pétrole est là, on le sait, et le Royaume-Uni n'a pas d'autre atout majeur. A moins d'une dégringolade ou d'une débandade, le Royaume-Uni compte suffire à ses propres besoins d'ici 15 ou 20 ans. L'importance de ces prévisions ne saurait être exagérée, étant donné le fait que c'est en s'appuyant.sur le pétrole de la mer du Nord que le Royaume-Uni a pu emprunter plus de $2,5 milliards en 1974 pour financer un énorme déficit de paiements. Mais ce sont justement ces lourds emprunts qui rendent particulièrement fragiles ces nouvelles bases économiques. Au bout de 5, 10 ou 15 ans, quand les emprunts commenceront à être dus, le Royaume-

Uni sera endetté de combien de milliards? Ces dettes devront être remboursées en devises étrangères et, pour ce faire, le Royaume-Uni devra vendre une partie de l'or noir découvert en mer du Nord. C'est là que le projet sonne faux, car ce nouveau pétrole aura coûté tant d'argent à extraire qu'il devra se vendre cher et si, à ce moment précis, les Arabes décident de baisser leurs prix, qui achètera le pétrole de la mer du Nord? Le développement pétrolier de la mer du Nord passe par le golfe Persique, c'est pourquoi il est condamné.

Une conclusion plus générale et universelle se dégage d'une telle analyse. Quelles que soient les nouvelles découvertes de gisements pétrolifères, dans la haute vallée de l'Amazone ou de l'Orénoque, dans l'Arctique canadien ou au large des côtes occidentales africaines (off-shore), il s'agit toujours d'endroits difficiles d'accès et coûteux à mettre en valeur. Quelle que soit la nouvelle invention qui permette d'utiliser telle ou telle autre source d'énergie, les prix restent élevés. Or, aussi longtemps que les nouvelles découvertes de pétrole mettront sur le marché mondial du pétrole coûteux, aussi longtemps que les nouvelles inventions commercialiseront une façon de transformer une source d'énergie d'un prix prohibitif, les Arabes auront toujours le dernier mot. En effet, il leur sera toujours loisible de baisser les prix du pétrole à leur gré pour décourager toute nouvelle découverte ou toute nouvelle invention. Ce « dumping » pétrolier et financier sera réalisable jusqu'au moment où on aura trouvé une source d'énergie et une façon de la capter qui puisse rivaliser avec le pétrole arabe non seulement sur le plan technique, mais surtout sur le plan financier. Toute autre solution reste temporaire, aléatoire, et complètement dépendante des volontés arabes.

VIII

Les options offertes aux Arabes

Les pays arabes peuvent s'allier aux pays du Tiers monde, prendre leur tête, faire jouer leurs milliards en faveur de ces pays, créer en quelque sorte un bloc de pays fournisseurs de matières premières, alignés contre les pays industriels. Que les pays en voie de développement prennent l'OPEP comme modèle et forment un cartel international exigeant des prix plus avantageux pour quelques matières premières essentielles comme le manganèse, le plomb, le cobalt, l'or, le caoutchouc naturel, etc. et les pays industriels verront encore une fois leur économie décliner. Si les pays sous-développés n'ont pas les moyens de s'aligner de la sorte, les pays arabes peuvent acheter tous les surplus disponibles d'un produit déterminé sur le marché international et faire chanter les pays industriels à leur guise. Cette manœuvre serait particulièrement efficace si les Arabes achetaient plusieurs années de suite tous les surplus de blé disponibles et les revendaient aux pays de leur choix. Il en serait de même pour la plupart des denrées alimentaires. Comme le nombre de pays exportateurs de denrées alimentaires est très restreint, ils pourraient faire crever de faim qui ils veulent et nourrir qui ils veulent. Cette tragi-comédie n'a pas de fin. Une alliance pays arabes-grandes compagnies pétrolières fournirait à ces pays les techniciens et l'équipement nécessaire et aux compagnies tout le pétrole dont elles ont besoin. Mais si, en plus, ces compagnies construisaient de grands ensembles pétrochimiques et faisaient venir les meilleurs savants, la recherche se ferait dans les pays arabes qui pourraient par la suite posséder une foule de brevets indispensables aux progrès de toute économie industrielle. Dans ces domaines, l'Arabie Saoudite peut être citée en exemple.

Un exemple: l'Arabie Saoudite

L'Arabie Saoudite a suffisamment d'argent pour payer à chaque citoyen un salaire sans qu'il ait à travailler, mais ne veut pas corrompre la société. Le luxe est un élément antiproductif. L'Etat fait le nécessaire pour instruire les citoyens, les doter d'une bonne formation professionnelle, leur donner la possibilité de travailler, mais ils doivent vouloir travailler, prendre des initiatives, améliorer leur sort. L'Arabie ne veut pas se contenter de distribuer de l'argent aux citoyens. Par exemple, le Koweit n'ayant que 1 000 000 d'habitants pour se partager les revenus de ses puits de pétrole est probablement le pays où le revenu per capita est le plus élevé du monde. Les Koweitiens sont maintenant presque tous dispensés de travailler et sont une minorité parmi les travailleurs étrangers venus dans leur pays pour y gagner leur vie.

Bien que les Saoudiens soient déterminés à ne pas instaurer un état providence sur leur territoire, le gouvernement a commencé à distribuer une partie des richesses du pays sous forme de soins médicaux gratuits, de prêts sans intérêt pour la construction de maisons. L'Etat dépense aussi $3 000 par année pour chaque jeune aux études. Il assume enfin une partie du coût de certaines denrées: l'essence, par exemple, s'y vendait encore 5 cents le litre au détail, en 1975. A Riyad, la capitale, on voit des signes de progrès: un château d'eau ultra-moderne s'élève fièrement dans le ciel; on a construit des autoroutes, on a recouvert les chaussées de béton; on a installé des conduites d'eau et d'égout. Les anciens bazars sont encore les principales maisons de commerce, mais on a commencé à construire des magasins modernes. Les voitures qu'on y voit sont pour la plupart importées des Etats-Unis. Le pays importe aussi beaucoup de climatiseurs, appareils fort appréciés, étant donné que l'été il y fait 50° C. Les hôtels existant à Riyad sont remplis de visiteurs. Les premiers arrivés y sont les premiers servis.

Au cours des cinq dernières années, le gouvernement a dépensé $10 milliards pour le développement du pays et entend dépenser $30 milliards au cours des cinq prochaines années. Dans ce pays, dont 99 p. 100 de la surface sont constitués de déserts et de montagnes, le développement est coûteux. Le gouvernement veut y aménager des terres arables et développer diverses industries. Ils se préparent pour le XXIᵉ siècle, alors que les puits de pétrole seront épuisés. En 1977, le pétrole a rapporté $43 milliards à l'Arabie Saoudite. Bien que le gouvernement ait consacré une somme importante à l'achat d'armes, 60 p. 100 des dépenses prévues vont au développement, à l'éducation et aux services sanitaires. Les Saoudiens se distinguent par le sérieux de leurs projets: ils font faire de nombreuses études et ils favorisent la libre entreprise. Le gouvernement est la source de la plupart des projets, parce que c'est lui qui a l'argent, mais il fait appel aux entreprises privées et favorise les entreprises mixtes. La priorité est donnée au développement de l'agriculture; 99 p. 100 de la surface du pays étant désertiques, il importe au premier point de trouver de nouvelles sources d'eau. On préfère les entreprises mixtes, avec la participation de capitaux arabes et parfois avec la participation du gouvernement. Les entreprises entièrement aux mains des étrangers créent des problèmes, à cause de la montée du nationalisme arabe. Il n'y a pas de tribunaux pour faire respecter les contrats, comme en Occident. L'Arabie Saoudite est régie principalement par la loi religieuse, le Coran, qui permet de couper les mains des voleurs et demande à tous de mener une vie honnête. Divers ministères ont établi des conseils de médiation pour régler les différends. L'objectif de la puissante compagnie Petromin, qui a la haute main sur toute l'industrie du pétrole, est de découvrir d'autres richesses naturelles qui empêcheraient le pays de dépendre entièrement du pétrole. Les investisseurs étrangers devront consacrer une bonne partie de leurs énergies à former des travailleurs saoudiens, de sorte qu'ils puissent graduellement accéder à des postes de grande responsabilité. Le gouvernement offre une compensation pour ce travail de formation.

Le système communiste est fermé

Si les pays arabes décidaient de s'allier aux pays communistes, ils pourraient menacer gravement les pays occidentaux. En effet, les pays communistes industrialisés pourraient fournir les cadres et l'équipement dont ont besoin les Arabes, contre paiement fait à partir des milliards de dollars accumulés chez eux. Les Arabes pourraient même investir en

URSS ou dans un autre pays communiste. Il se trouve justement que l'URSS a besoin de milliards de dollars pour accélérer son développement industriel et surtout sa recherche pétrolière ou gazière. Mais de tels projets avec l'Union soviétique pourraient difficilement se réaliser à cause des difficultés techniques et de la nature même du système communiste
qui n'accepte pas d'investissements étrangers, et encore
moins de verser des dividendes à des pays étrangers.

Les possibilités existent et si jamais les Arabes arrivaient
à s'entendre avec les pays communistes, les deux groupes
pourraient exercer une pression énorme sur l'économie et la
politique des pays occidentaux. Mais cette alliance ne doit pas
ignorer le caractère fermé du système communiste et c'est
probablement ce détail qui compromet d'avance tout plan
d'intégration arabo-soviétique.

Le système en vigueur en URSS, dans les pays d'Europe
de l'Est et en Chine ne permet pas le réinvestissement des
énormes surplus financiers des Arabes, non parce que les
communistes se suffisent financièrement, mais parce que
leur système d'économie planifiée et centralisée exclut toute
participation étrangère et tous profits qui puissent revenir à
des non-résidents. Voilà une sérieuse entrave à leur développement. Grâce aux Arabes, l'accroissement de la richesse
nationale de plusieurs pays occidentaux peut déjouer tous les
calculs, s'accélérer et laisser loin derrière lui un système communiste fermé sur lui-même. Le capitalisme n'est intrinsè-
quement ni pacifique ni belliqueux. Il serait sans doute belliqueux, si la guerre lui était nécessaire pour survivre. Mais,
en admettant qu'elle ait jamais existé, cette nécessité à coup
sûr n'existe plus. Le pouvoir d'achat indéfiniment extensible
des masses est pour les industries et le réinvestissement des
Arabes un débouché plus attrayant que l'isolement communiste. Car il faut bien le reconnaître: le moteur de l'économie
se situe dans la richesse des masses; plus les masses achè-
tent, plus l'économie tourne. Elle peut même trop tourner, se
perdre en surproductions et en gaspillages, mais ce ne sont là
que des incidents de parcours. Les nécessités de la vie sont
vite perdues sous une montagne de besoins inutiles qui ne
cessent de s'ajuster jusqu'à ce qu'une civilisation adopte une
échelle de valeurs propre à épanouir les arts les plus raffinés.
Quand on manque du nécessaire à la survie, rien ne s'épanouit, sauf l'injustice et les troubles sociaux.

Le monde occidental a depuis longtemps renversé l'une

des bases des doctrines socialistes, la loi de Lasalle ou loi d'airain. Cette loi enseignait qu'en système capitaliste le salaire tend inexorablement vers le minimum strictement indispensable pour maintenir l'âme du prolétaire attachée à son corps. Les malheureux dialecticiens communistes, liés à une doctrine sans ouverture et repliés sur leur passé, sont encore contraints de soutenir une telle absurdité, alors que c'est plutôt dans leur système que le prolétaire est assujetti inexorablement à un revenu qui ne permet aucune initiative de quelque importance. D'ailleurs, les tenants du communisme ne prennent-ils pas pour modèle ce que ses hommes d'action dépeignent comme le prototype du mal? Le nivellement de la société capitaliste ne peut se faire dans la pauvreté. Il lui faut nécessairement un ferment économique, ce qui contredit les volontés égalitaires propagées par le communisme. Le contrôle n'échappe pas à l'Etat en système communiste, il se concentre plutôt autour d'un noyau de plus en plus restreint, laissant les masses en dehors des grands circuits économiques. Le capitalisme fait confiance aux masses, partage le pouvoir avec elles, invite à la participation et aux profits; vision d'expansion et d'ouverture. Suivant le schéma marxiste, les masses sont condamnées à être dévorées. Les entreprises d'une catégorie supérieure doivent également disparaître, happées par la pieuvre monopoliste. Au terme de l'évolution, il ne doit rester qu'une corporation géante écrasant la société de son poids colossal; vision de cauchemar. Ce phénomène ne se réalise pas et ne se réalisera pas, parce que la prospérité engendrée par la société industrielle capitaliste crée une variété, un raffinement des besoins que l'initiative individuelle s'ingénie à satisfaire. Sans cesse, les idées se reclassent. Le colosse est souvent trop gros pour garder l'esprit fertile. Il tend à se démembrer de lui-même pour retrouver de l'agilité, à moins qu'il ne soit sous la contrainte constante d'un groupe d'hommes imbus de chauvinisme. Le syndicalisme a donné au travail un pouvoir de négociation qui déchire l'image marxiste du prolétaire à la merci de l'employeur. La législation anti-trust des pays capitalistes a réduit la capacité de succion des plus grandes firmes. Les nouveaux dirigeants n'ont ni l'égoïsme ni la rude énergie de leurs prédécesseurs. Ils ne jouent ni ne cherchent à jouer dans la politique ces grands capitalistes du passé; ils investissent dans les entreprises rentables à leurs yeux, acceptant d'emblée la présence et la puissance du syndicalisme.

Le passage d'une partie de la propriété des grandes affaires entre les mains des Arabes transfère la conduite de l'économie industrielle, « arabisant » la plupart des grandes entreprises qu'on croyait hier encore inattaquables.

Le socialisme, c'est le XIXe siècle. Il apportait des solutions pour des sociétés qui étaient encore des sociétés de pénurie et par conséquent d'injustice. Malgré des progrès considérables, les pays communistes plongent encore dans ce passé. Les pays capitalistes arabes en émergent. Ils réalisent graduellement ce qui fut l'idéal du marxisme, la suppression de la propriété individuelle des grands moyens de production et d'échange. Mais ils y parviennent par la liberté et la propriété, au lieu d'y parvenir par la dictature du prolétariat. La clé du problème est la multiplication des richesses, c'est-à-dire l'augmentation des revenus. Le reste vient, non pas tout seul, mais irrésistiblement.

Une loi se vérifie sans cesse dans le monde occidental: les sociétés pauvres sont bonnes aux riches; les sociétés en voie d'enrichissement favorisent les classes les plus nombreuses. On est porté à affirmer qu'il n'y a qu'une solution à la question sociale: la production massive des richesses. Une répartition plus équitable s'ensuit nécessairement. Relativement à la richesse nationale, les classes possédantes arabes sont encore privilégiées. Elles peuvent quand même regarder avec envie les classes possédantes des autres pays capitalistes, car le relatif se traduit dans l'absolu par une différence écrasante en faveur de ces dernières. Leur secteur du gâteau est un peu moins large, mais le gâteau est tellement plus gros. Le socialisme classique ou tout simplement la démagogie vulgaire oppose les deux termes: salaire et profit. Pour que l'un monte, il faut que l'autre descende, comme les plateaux d'une balance. L'économie de l'abondance en pays arabe en particulier dément cet axiome, concilie l'inconciliable.

Pas plus que le machinisme, l'automation n'a tué le travail. Ancienne et tenace, l'objection a été démentie plusieurs fois depuis le début de l'âge industriel. Loin de tarir l'emploi, la machine et l'organisation du travail ne cessent de le multiplier. Grâce aux phénomènes que les économistes pessimistes du siècle dernier n'avaient pas prévu: l'enrichissement des masses, la diversification des besoins, la démocratisation du luxe, la réduction de la durée du travail, le développement et le perfectionnement des loisirs, etc. En réalité, la pratique marxiste ne peut que renforcer l'Etat jusqu'à l'oppression et l'élargir jusqu'au totalitarisme. Le socialisme n'a jamais trouvé d'autre solution que la substitution au capitalisme privé d'un capitalisme d'Etat. Avec ses milliers, voire ses millions de salariés et de fonctionnaires, l'Etat a pris toutes les caractéristiques et tous les inconvénients de la super-concentration et de l'ultragigantisme. En vertu de sa taille, il est nécessairement autoritaire de fait et totalitaire de tendance. Le patronat de droit divin n'a été aboli que pour ressusciter en lui. L'Etat est trop lourd et ses cadres de rémunération sont trop rigides pour qu'un développement sain et avantageux soit possible. Le gouvernement peut se transformer, la ligne du parti peut être modifiée, la situation restera la même. Le capitalisme d'Etat est le plus sourd de tous. Lorsqu'il arrive à son accomplissement comme en URSS, il supprime le droit de grève, transforme le syndicat en police de travail et tout finit là. Rejoignant le capitalisme primitif dans la rigidité, le capitalisme d'Etat le rejoint aussi dans l'obscurité, car il n'est pas question que les travailleurs, pourtant devenus patrons d'après la théorie communiste, connaissent à fond les rouages financiers de leur propre entreprise et encore moins de l'Etat. Tentaculaires, les entreprises d'Etat sont également serves. Leur patron tyrannique leur fait porter des charges qui ne relèvent pas du tout d'une exploitation commerciale et industrielle normale. Cela va d'un modeste parasitisme individuel à un rôle seigneurial. En échange, l'Etat subventionne, mais la confusion subsiste. Il faut recourir à la purge. D'une purge à l'autre, la confusion subsiste encore puisque, dans un tel système, il est inévitable que de grands abus se créent comme il est inévitable que la purge fasse régner la terreur et l'injustice. Ce qui est erroné, c'est le système. Le capitalisme d'Etat est un remède pour le passé. Il est le fruit de la pensée pessimiste des économistes du XIXe siècle assistant à la rude naissance de la civilisation industrielle, sensibles qu'ils étaient à son injustice et très peu conscients de son devenir. L'enrichissement torrentiel des pays arabes ouvre une multitude de possibilités. C'est par la multiplication des richesses qu'ils marcheront infailliblement vers une plus grande justice où l'Etat ne sera pas le maître de tous, mais le serviteur de la nation.

*Les pays industrialisés capitalistes sont
en train d'encercler le monde communiste*

Qu'on examine de près la carte du monde moderne et qu'on la divise en deux grands blocs politico-socio-économiques, le monde capitaliste, appelé le monde libre, et le monde communiste, on sera à même de constater que le monde communiste est formé de pays développés et sous-développés contigus. Il en va tout autrement du monde capitaliste. Bien sûr, celui-ci englobe des pays développés et des pays sous-développés (le Tiers monde), mais ce n'est pas là leur principale caractéristique. Leur principale caractéristique, c'est la localisation des pays industrialisés capitalistes par rapport aux pays communistes.

Si on prend le monde communiste comme centre, on s'aperçoit très rapidement que les pays industrialisés capitalistes l'encerclent d'une façon relativement continue. Au nord, c'est-à-dire de l'autre côté de l'Arctique, l'Amérique du Nord est là, industrialisée, forte, efficace, dynamique et cherchant avec vigueur à vendre à l'étranger son échelle de valeurs et la multitude de biens de consommation qui, pour elle, sont le symbole du bonheur. Au nord-ouest du monde communiste, la Scandinavie est là, industrialisée, laborieuse, riche en valeurs humaines et sociales. La Scandinavie industrielle forme le chaînon nouant l'Amérique du Nord à l'Europe. A l'ouest du monde communiste, l'Europe du nord-ouest de vieille civilisation industrielle s'étend de la mer du Nord à la Méditerranée; elle cimente son avenir autour d'ententes, de contrats et d'alliances qui font d'elle une puissance à la fois économique, militaire et politique. A l'est du monde communiste, le Japon, la Corée du Sud et Taïwan constituent la muraille industrielle d'Extrême-Orient. L'Amérique du Nord bloquant le nord, elle se trouve au centre entre la muraille industrielle occidentale du monde communiste (l'Europe) et la muraille industrielle orientale de ce même monde communiste (Japon, Corée du Sud, Taïwan). Il reste le sud du monde communiste. Le sud du monde communiste semble troué de toutes parts, mais ce n'est qu'une apparence. D'abord l'immense chaîne de l'Himalaya s'étend sur 2 700 km de l'Indus au Brahmapoutre. Large de 350 km, elle constitue une immense barrière naturelle au sud du monde communiste. Il reste finalement deux exutoires, le Sud-Est asiatique et le Proche-Orient. Le Sud-Est asiatique est en ébullition depuis plusieurs années, mais l'industrialisation capitaliste s'y ins-

135

talle quand même, fermant cet exutoire: l'Australie et la Nouvelle-Zélande sont situées à l'écart, mais industrialisées. L'industrialisation de la Malaisie est déjà avancée et son prolongement, Singapour, l'est passablement lui aussi. Le pétrole de Sumatra permettant des rentrées de devises intéressantes, l'Indonésie entretient de sérieux espoirs d'industrialisation capitaliste et de mise en valeur de ses nombreuses autres ressources. Le cas des Philippines est un peu spécial, mais le modèle japonais et l'influence américaine sont si près d'elles qu'elles ont déjà accéléré leur développement industriel. Tout cela pour dire que, lorsque « l'Indochine » aura réglé ses comptes, l'industrialisation capitaliste aura fermé l'exutoire du Sud-Est asiatique.

Que dire maintenant de l'autre exutoire, le Proche-Orient? Sa situation privilégiée, ses immenses ressources pétrolières et financières créent un tel milieu de culture industrielle de type capitaliste que finalement et, bien avant le Sud-Est asiatique, l'exutoire du Proche-Orient sera colmaté par l'industrialisation capitaliste. Qu'on pense aux efforts de l'Iran et de l'Arabie Saoudite pour s'industrialiser et qu'on pense aussi à l'énorme appui financier venant des pays arabes producteurs de pétrole dont peuvent profiter le Pakistan et la Turquie à cause de leurs sympathies musulmanes, et l'on verra dans un avenir prochain, une puissance industrielle remarquable au sud-ouest du monde communiste. Oui, le monde industrialisé capitaliste est en train d'encercler, d'emprisonner le monde communiste, et la pièce maîtresse de cet encerclement sera peut-être l'industrialisation du Sud-Est asiatique, mais certainement l'industrialisation des Arabes. Quelles seront les conséquences d'une ceinture industrielle capitaliste autour du monde communiste? Quelle sera la structure de cette ceinture industrielle capitaliste si les Arabes en détiennent les principaux leviers de commande?

Les pays arabes ne peuvent se développer seuls

Tout le défi arabe repose sur des faits assez simples à première vue. D'abord, les Arabes possèdent une position stratégique, les réserves pétrolières et des milliards de dollars prêts à réinvestir. Or les pays industrialisés ne peuvent se passer de certaines positions stratégiques, de pétrole ni de milliards de dollars. Donc les pays industriels ne peuvent se passer des pays arabes pour se développer; c'est le défi que leur posent les pays arabes. De leur côté, ces pays arabes font face à leur propre défi, soit la construction d'une économie industrielle vivante et progressive en un laps de temps très court, c'est-à-dire avant l'épuisement de leurs réserves de pétrole ou avant l'amenuisement de l'importance du pétrole arabe dans l'économie des pays industriels actuels. Chacun a son géant à maîtriser. Il semblait facile de maîtriser les Arabes tant et aussi longtemps que les pays consommateurs contrôlaient la quasi-totalité de la production pétrolière. Maintenant que les pays producteurs de pétrole contrôlent leur propre production, les pays consommateurs sont plus ou moins à leur merci.

D'un autre côté, on peut penser que les Arabes peuvent se développer seuls, c'est-à-dire sans le secours des pays industriels. Or, c'est loin d'être le cas, parce qu'ils manquent trop de cadres et d'équipement. Et même s'ils décidaient d'acheter du matériel et d'engager des cadres, ils ne pourraient arriver au but sans d'énormes sacrifices et gaspillages. Voyons à ce sujet l'exemple de l'Algérie Nouvelle.

Depuis son accession à l'indépendance et la liquidation du fait économique français, l'Algérie se tourne résolument vers l'avenir, consciente de ses responsabilités face au développement et consciente des problèmes inhérents à celui-ci. Elle compte particulièrement sur ses ventes de pétrole pour gagner cette bataille du développement, mais elle a choisi un modèle de croissance économique qui est loin d'avoir fait ses preuves. En effet, elle ne compte que sur ses propres moyens, alors qu'elle ne dispose pas des cadres ni de l'infrastructure indispensable à un rythme de croissance sérieux. Ses dirigeants n'ont connu que les injustices du capitalisme venu de l'étranger et ont été éduqués dans les principes socialistes. Il est tout à fait normal alors qu'on essaie d'y implanter le socialisme. L'Algérie Nouvelle est en train d'apprendre la triste différence entre les théories mirobolantes du socialisme et la dure réalité de son application. L'Algérie applique un système d'où l'entreprise privée est totalement bannie et il en résulte, dans les grandes comme dans les petites choses, une inquiétante déperdition d'énergie et d'efficacité, même si une formidable bonne volonté et une extrême gentillesse animent tous les échelons de la population.

Des millions de tonnes de matériel importé se sont détériorées par manque d'organisation efficace. Face à cette grandiose entreprise qu'est l'industrialisation à outrance du pays, on a répondu par une succession de plans triennaux et quadriennaux financés surtout par les revenus du pétrole, comme un défi au passé colonial et un pari sur son avenir. Depuis la nationalisation du pétrole algérien, l'Algérie peut compter sur une importante source de revenus, surtout que le prix du pétrole s'est considérablement accru. Mais n'oublions pas que l'Algérie doit constamment réinvestir dans le pétrole pour maintenir cette seule source de revenus, qu'elle doit sacrifier d'énormes ressources à la recherche de nouveaux gisements qui ne se sont pas encore fait valoir et à l'achat de tout le matériel nécessaire à cette mise en œuvre, matériel qui, sous la poussée inflationniste, a augmenté considérablement de prix. La société d'Etat qui s'occupe de la mise en valeur des champs pétrolifères a été copiée sur le modèle soviétique et n'échappe pas à la lourdeur bureaucratique. L'Algérie ne peut se permettre de perdre son temps et son argent à essayer de rendre efficace un système qui ne l'est pas. Elle a d'autres besoins, pressants, concrets, vivants. Quand les réserves pétrolières seront épuisées, elle devra compter sur d'autres sources de revenus et concurrencer d'autres pays industrialisés. Si la bureaucratie se multiplie et que les erreurs s'accumulent pour protéger des fonctions et des statuts, la production ne peut qu'en souffrir. Il ne suffit pas d'acheter une usine complète à l'étranger et de l'implanter chez soi pour qu'elle fonctionne bien et rapporte des bénéfices. Il faut des techniciens, des contremaîtres, des gestionnaires compétents, plus soucieux du profit de l'usine que de leur titre au sein d'un organisme, pour retirer des profits d'une fabrication. Quand les objectifs des différents plans ne sont rencontrés qu'à 50 ou 60 p. 100, on est en droit de dénoncer les maladies inévitables dans les économies dites socialistes: le manque de souplesse, la faiblesse des réflexes d'adaptation. Ici, les boulons n'arrivent pas, là le ciment, ici une autorisation, là la personne en charge a pris congé, ici la douane, là un oubli du plan, ici une promotion suivie d'un transfert à cause de certaines influences, là la démission collective de travailleurs désillusionnés, etc. La véritable réalité d'une économie industrielle apparaît clairement en Algérie: un tissu infiniment complexe où tout dépend de tout et qui s'organise bien difficilement quand on renonce, pour le faire, au système de l'entreprise privée laquelle oblige les individus, à cause de la sanction mortelle que représente la perte d'argent, à ne prévoir que ce qui est possible, à n'investir que dans ce qui est rentable. Quand il n'y aura plus de pétrole, l'économie algérienne devra s'appuyer entièrement sur ses autres productions et ces autres productions ne doivent pas être toutes déficitaires.

En plus de subventionner les budgets de l'Etat et la prolongation de la production pétrolière, les pétrodollars doivent également nourrir la population algérienne. On estime en effet à 40 p. 100 la proportion du produit de la vente du pétrole consacrée à l'achat de denrées alimentaires. Or l'Algérie a déjà exporté des produits agricoles, aujourd'hui elle en importe de plus en plus et cela grève d'autant ce qui reste pour le développement industriel. D'ailleurs, sur les fermes autogérées, les travailleurs agricoles n'ont pas l'impression de travailler pour eux, mais pour une administration. Ils sont certains de ne pas gagner plus d'argent en travaillant plus fort et ils se laissent aller, compensant l'absence de profit par un petit bien-être fait sur mesure. Pour arriver à produire davantage, l'Etat devra déléguer des surveillants compétents et impitoyables et faire ressembler la production à un Etat policier. C'est ce qui s'est produit dans tous les Etats socialistes et, même sous cette contrainte, la production agricole n'a pas augmenté de façon sensible. Comment en serait-il autrement alors que pas un seul Etat communiste n'exporte de produits agricoles? Au contraire, lorsqu'ils ont faim, ils se comptent chanceux de trouver un pays capitaliste qui veuille bien leur vendre des produits alimentaires.

Il n'est pas vain de se demander si une autre politique aurait pu être possible, si l'Algérie Nouvelle aurait pu construire son économie en faisant cohabiter, à côté d'un secteur dirigé par l'Etat, un important secteur d'économie privée abandonné à la libre entreprise qui eût ainsi créé l'émulation à l'intérieur de la société algérienne tout entière, formé des milliers de cadres dressés à la recherche individuelle de l'efficacité, constitué une sorte de volant de sécurité. Il n'est pas trop tard, mais si l'Algérie Nouvelle se couvre d'entreprises étatiques déficitaires, quand les réserves de pétrole seront épuisées, de quoi y vivra-t-on?

Cette analyse pose le difficile problème de l'endettement des pays arabes, problème qui peut devenir sérieux si ces pays ne prennent pas les précautions indispensables à une saine administration de leur immense patrimoine.

IX

Comment diffuser
cette énorme richesse

Dans l'entreprise capitaliste qui accompagna l'introduction et le développement des machines et de leurs méthodes, aux XVe et XVIe siècles, le centre de gravité de l'industrie se déplaça de la corporation artisanale vers la corporation des marchands, les baillis, les compagnies d'aventuriers marchands ou l'organisation spéciale, pour l'exploitation de monopoles. Les moyens d'échange usurpèrent la fonction et le sens des objets échangés. L'argent lui-même était devenu une marchandise et gagner de l'argent était une forme spécialisée d'activité. Sous le régime capitaliste, le profit était roi, c'était le principal but économique, et il devint un facteur décisif de toutes les entreprises industrielles. On encourageait les inventions qui promettaient des profits, les industries qui rapportaient. La rémunération du capital était, sinon la première, du moins la plus importante des revendications dans l'entreprise productrice: le service du consommateur et le soutien de l'ouvrier étaient tout à fait secondaires. Même en période de crise et d'effondrement, les actionnaires continuaient à toucher des dividendes prélevés sur les réserves accumulées, pendant que l'industrie elle-même subissait une perte, ou que la masse des travailleurs en était réduite à mourir de faim. Quelquefois, on obtenait des profits par l'abaissement du prix de revient et la diffusion du produit. On pouvait gagner en offrant des marchandises inférieures ou frelatées. La santé et le bien-être étaient sacrifiés au profit. La communauté, au lieu de bénéficier de ses marchandises et de ses services, permettait qu'une partie du produit soit détournée pour la gratification privée des propriétaires fonciers ou capitalistes. Ces propriétaires, soutenus par la loi et les instruments de gouvernement, déterminaient dans le privé et seuls, en accord avec les règles du profit, ce qui devait être produit, combien, où, comment, par qui et sur quelles bases.

Dans l'analyse économique de la société qui s'est développée dans cette conception, les trois termes principaux de l'activité industrielle sont: production, distribution et consommation. Les profits devaient être augmentés par une production à meilleur marché, une distribution plus large, et un accroissement régulier des standards de consommation par un élargissement du marché. Diminuer la main-d'œuvre ou diminuer son prix par la supériorité du pouvoir d'achat, les deux choses étant obtenues par le retrait de la terre au travailleur et par le monopole des nouveaux instruments de production, furent les deux principaux moyens qu'employa le capitalisme pour augmenter la marge des bénéfices. La diminution de la main-d'œuvre par la rationalisation fut un perfectionnement réel qui améliora tout, sauf la position du travailleur. Stimuler la demande, c'était le moyen d'accélérer la rotation du stock. De là vient le problème essentiel du capitalisme, non pas satisfaire les besoins, mais créer de nouvelles demandes. Les efforts pour représenter ce phénomène d'avancement privé et d'avantages de classe comme un bienfait social et naturel furent peut-être la tâche principale des économistes du XIXe siècle. Les phénomènes essentiels sont la conversion, la production, la consommation et la création. Dans les deux premiers, on s'empare de l'énergie et on la prépare pour soutenir la vie. Dans le troisième, on aide et on renouvelle la vie pour qu'elle puisse se dérouler, pour ainsi dire, aux niveaux plus élevés de la pensée et de la culture, au lieu d'être tout de suite arrêtée par les fonctions préparatoires. Les sociétés humaines connaissent toutes quatre étapes dans le déroulement de leurs phénomènes économiques. Mais leurs quantités absolues et leurs proportions varient avec le milieu social.

La conversion concerne l'utilisation de l'environnement comme source d'énergie. Le premier fait de toute activité économique, des organismes inférieurs aux cultures humaines les plus avancées, c'est la conversion de l'énergie solaire. Cette transformation dépend des propriétés de l'atmosphère, des phénomènes géologiques de plissement, d'érosion et d'élaboration des sols, des conditions du climat et de la topographie locale et, la plus importante de toutes, de la fonction chlorophyllienne des plantes. Cette mainmise sur l'énergie est la source originelle de tous nos gains. En interprétant ce phénomène du point de vue de l'énergie pure, on peut dire que tout ce qui se passe après, c'est une dissipation de l'énergie, dissipation qui peut être retardée, désapprouvée, ou temporairement détournée par l'ingéniosité humaine, mais est finalement inévitable. Tous les monuments permanents de la culture humaine sont des efforts pour préserver et transmettre cette énergie, pour détourner l'heure de l'extinction ultime. La conquête la plus importante de l'énergie a été la découverte et l'utilisation du feu par l'homme. Puis vint la plus significative transformation de l'environnement, la culture des céréales, des légumes et l'élevage des animaux domestiques. L'énorme accroissement de population qui se produisit au début du XIXe siècle, avant que la machine n'ait amené un changement appréciable en agriculture, est dû au fait que d'immenses étendues de terrains furent ouvertes à la culture des céréales et à l'élevage du bétail, au meilleur stockage des fourrages d'hiver, combinés avec trois nouvelles cultures énergétiques, canne à sucre, betterave à sucre et pomme de terre, pour l'alimentation des populations ouvrières.

La conversion élève l'énergie disponible à une pointe. De là, l'énergie redescend, rassemblant et façonnant les matières premières, transportant l'approvisionnement et les produits jusqu'au phénomène de consommation. Tant que le processus économique n'atteint pas le stade de la création, tant qu'il ne procure pas à l'animal humain plus d'énergie qu'il ne lui en faut pour maintenir son existence physique, tant que d'autres énergies encore ne sont pas transformées de façon plus durable en art, science, philosophie, livres, bâtiments et symboles, y a-t-il quelque chose qu'on puisse, même pour un laps de temps limité, appeler un gain?

A une extrémité du phénomène, il y a la conversion de l'énergie libre de la nature et sa transformation sous les formes utilisables par l'agriculture et la technologie. A l'autre extrémité, il y a la conversion des produits intermédiaires, préparatoires, en substance humaine et en ces formes culturelles qui servent à des générations successives. Le vrai sens social de la machine ne consiste pas dans la multiplication des biens ou des besoins, réels ou illusoires. Il réside dans les gains d'énergie par l'augmentation de la conversion, la production efficiente, la consommation équilibrée et la création socialisée. Le test du succès économique ne réside donc pas dans le seul processus industriel et ne peut être mesuré par la quantité de chevaux-vapeur convertis ou commandés par un seul usager. Les facteurs importants ne sont pas des quantités, mais des rapports: rapports de l'effort mécanique aux résultats sociaux et culturels. Une société dans laquelle la production et la consommation annuleraient complètement les gains de la conversion resterait socialement inefficace, même si toute la population était constamment active et convenablement nourrie, vêtue et logée. C'est pourquoi aucun idéal efficace pour la production machinique ne peut être basé uniquement sur l'évangile du travail, encore moins sur la croyance non raisonnée en une augmentation constante de la consommation. Si on doit se servir raisonnablement et à bon escient des énormes sources d'énergie dont on a la chance de disposer, on doit examiner en détail les phénomènes qui conduisent à l'état final de loisirs, d'activité libre, de création. C'est parce qu'on ne sait pas déterminer ces phénomènes et les provoquer qu'on n'atteint pas le but désirable; c'est parce qu'on n'a pas réussi à bâtir un schéma intelligent des fins à atteindre qu'on ne parvient pas à un commencement d'efficacité sociale dans le travail préparatoire.

Les milieux financiers américains et européens se sont émus des investissements massifs qu'ont faits ou que projetteraient de faire dans des entreprises nord-américaines les potentats du pétrole du Proche-Orient. Les rumeurs les plus fantaisistes ont circulé et continuent de circuler, mais après l'affolement du début, on commence maintenant à se ressaisir et à envisager la situation avec plus de sérénité. On fait remarquer à juste titre que les Arabes n'ont pas été les premiers à agir de la sorte, du moins en ce qui concerne les Etats-Unis et en partie le Canada, puisque les capitaux japonais ont afflué pendant un temps dans divers domaines de l'activité économique.

Deux éléments cependant sont différents. D'une part, l'ampleur des capitaux dont peuvent disposer les pays producteurs de pétrole et d'autre part la mise à l'index des entreprises appartenant à des Juifs ou dans lesquelles les Juifs ont des intérêts, ce qui va à l'encontre de toutes les pratiques commerciales établies.

Les hausses successives du prix du pétrole ont fait quadrupler les revenus des pays producteurs depuis octobre

1973. Une grande partie de ces fonds est recyclée dans l'économie des pays industrialisés par l'acquisition partielle ou totale d'entreprises ou des placements immobiliers. Les investissements effectués jusqu'à maintenant sont spectaculaires. Le shah d'Iran a conclu récemment un accord commercial de cinq ans avec les Etats-Unis portant sur des échanges d'une valeur de $15 milliards; il a annoncé son intention d'acheter huit réacteurs nucléaires d'une valeur de $7 milliards et prêtera $300 millions à la Société Pan American World Airways qui avait des difficultés financières. Le fils d'un conseiller du roi Faysal d'Arabie Saoudite a pris le contrôle de la Bank of the Commonwealth, sixième banque du Michigan. Le Koweit a payé $17,3 millions pour les 1 500 hectares de l'île Kiawah, au large de Charleston, en Caroline du Sud, qu'on projette d'aménager en grande station balnéaire, et il a fait d'importants placements immobiliers à Atlanta, à Dallas et en Californie. Un consortium arabe était prêt à débourser $100 millions pour acquérir 41 p. 100 des actions de la société de construction aéronautique Lockheed, n'eût été des lois américaines empêchant que des intérêts étrangers deviennent actionnaires majoritaires d'entreprises travaillant pour la défense. En outre, l'Iran a acheté 25 p. 100 des actions du géant allemand de l'acier, les usines Krupp. La société d'investissement du Koweit possède 14 p. 100 des actions d'une autre entreprise allemande prestigieuse, la société Daimler-Benz, constructeur des célèbres automobiles Mercedes. La transaction a porté sur $300 à $400 millions. Le Koweit s'est également porté acquéreur de propriétés immobilières à Londres pour $500 millions. Le petit émirat d'Abou Dhabi a placé $84 millions dans le gratte-ciel le plus élevé de la capitale britannique.

Au début, des chiffres plutôt fantaisistes avaient été avancés au sujet des énormes fonds accumulés par les pays producteurs de pétrole. Des calculs plus réalistes évaluent à $117 milliards les revenus des pays arabes en 1977 et ils ont dépensé en tout $50 milliards pour leur développement interne, important des biens et des services, ce qui a compensé en partie les énormes déficits des balances commerciales des pays industrialisés à cause de leurs achats de pétrole. Récemment Bell Canada a décroché un contrat de $1 milliard en Arabie Saoudite et l'Alcan a enlevé un contrat de près de $600 millions en Iran.

Des $67 milliards restants, environ $15 milliards ont été investis aux Etats-Unis, $10 milliards en Grande-Bretagne,

$8 milliards dans d'autres pays industrialisés, $4 milliards dans les pays en voie de développement et $5 milliards dans des institutions financières comme le Fonds Monétaire International. (Il reste au moins $15 milliards dont on ne parle nulle part.)

Les pays arabes placent leurs énormes capitaux avec beaucoup de compétence et les Américains, mis en confiance, consentent maintenant à accepter une part de ces capitaux bien qu'avec prudence, n'ayant plus la crainte de voir les Arabes devenir les propriétaires des Etats-Unis.

Les investisseurs du Proche-Orient n'ont aucun intérêt à mettre la main sur les entreprises américaines. Beaucoup d'entre eux, en particulier l'Iran, se préoccupent davantage de la croissance de leur économie interne et diversifient activement celle-ci en prévision de l'épuisement des réserves d'or noir. Les entreprises américaines ayant des difficultés de trésorerie recherchent les capitaux arabes qui, ainsi, peuvent aider l'économie des pays industrialisés, assaillie par l'inflation et la récession.

Les Arabes investissent également dans des placements à court terme, comme des bons du Trésor et des dépôts de banque commerciale, ce qui leur assure toute sécurité et un bon rendement. Par contre, la mise à l'index des entreprises juives ou contrôlées par des Juifs indisposent les autorités américaines qui ne veulent pas céder sur ce point, considérant qu'il s'agit là d'un chantage inadmissible et totalement contraire à toutes les règles du droit international.

Grâce aux milliards provenant du pétrole, les pays arabes vivront d'ici quelques années dans un paradis que ni les Etats-Unis ni l'Europe n'avaient rêvé possible. Les milliards de dollars qui vont affluer dans la région au cours des prochaines années pourront, s'ils sont bien utilisés, donner une maison à chaque famille arabe, créer des milliers d'écoles ainsi que des usines, des hôpitaux, des universités et des laboratoires de recherche.

De leur côté, les pays occidentaux veulent se protéger contre l'emprise arabe. On prend maintenant des mesures pour se préserver contre la mainmise étrangère et surtout arabe dans plusieurs pays et on craint à tort ou à raison le passage sous contrôle arabe de certains secteurs de l'économie, après des investissements faits par certains pays producteurs de pétrole dans des sociétés ouest-allemandes ou internationales. Par exemple, l'union des banques suisses a décidé d'émettre des actions nominatives lorsqu'elle portera son capital de 600 à 700 millions de FS. Cette mesure aura pour effet de bloquer le nombre des actions assorties du droit de vote que possèdent des non-résidents étrangers. Jusqu'ici toutes les actions étaient au porteur, ce qui signifie que leurs propriétaires étaient anonymes. Les nouvelles actions nominatives d'une valeur nominale de 100 FS seront émises à la place des dividendes aux propriétaires d'actions au porteur. Ces actions ont une valeur nominale de 500 FS. Le taux sera d'une action nominative pour une action au porteur. Il s'ensuivra que le nombre des actions nominatives sera égal au nombre des actions au porteur. Les nouvelles actions nominatives donneront le même droit de vote que les actions au porteur. Toutefois, si elles sont vendues à des étrangers résidant hors de Suisse qui ne possèdent pas déjà d'actions au porteur, elles ne donneront pas de droit de vote.

Dans la mise en valeur des ressources, l'ouverture à grande échelle des puits d'huile signifiait que les Arabes commençaient à vivre pour la première fois sur un potentiel d'énergie accumulée au lieu de vivre d'une production journalière. D'une manière abstraite, ils étaient entrés en possession d'un capital hérité, plus fabuleux que ceux imaginés dans les contes des Mille et Une Nuits. Car, même si l'on maintient le taux de consommation actuel, on a calculé que les réserves existantes dureraient environ 40 ans. D'une façon concrète cependant, les perspectives sont plus limitées. L'exploitation du pétrole entraîne avec elle des difficultés propres à toute exploitation minière: elle se dévore elle-même. Le puits de pétrole est la pire base territoriale pour une civilisation permanente. Lorsque les réserves sont épuisées, il doit être abandonné laissant derrière lui quelques améliorations, bâtiments, etc. La soudaine accession au capital, sous la forme de ces vastes champs pétrolifères, a plongé les pays arabes dans une fièvre de développement sans précédent. Ces pays ne sont pas tous pourvus de pétrole et n'entrevoient pas tous le développement de la même façon. Une erreur de la part de l'un ou de l'autre peut avoir des répercussions graves, non seulement sur sa propre économie, mais aussi sur le développement économico-social de plusieurs pays industrialisés.

Une des bases du développement économique du monde arabe devrait être la mise en valeur de ressources renouvelables, en commençant par celles qui sont les plus précieuses et les plus utiles à la vie. A ce titre, il devrait normalement s'attaquer au problème de l'eau.

L'eau est l'élément vital. A peine surgit-elle, c'est l'exubérance de la verdure et de la vie; mais partout où elle manque, ce n'est que solitude.

Or, heureux dans son malheur, le Proche-Orient voit ses conditions climatiques générales défavorables localement corrigées grâce à deux facteurs exceptionnellement avantageux.

Tout d'abord, de grands organismes fluviaux lui apportent l'humidité venue d'ailleurs ou bien répandent largement et longuement sur son territoire les eaux tombées sur des montagnes privilégiées, par exemple, la vallée égyptienne. Tombées à 4, 5, 6 000 km de là sur les hauts-plateaux des pays du lac Victoria ou sur les pentes du Ruwenzori, des pluies équatoriales régulières, et, sur les monts d'Abyssinie ou sur les rives du lac Tsana, des précipitations tropicales saisonnières se rassemblent à 3 000 km de la mer et, de là, sans un affluent, sans un secours extérieur, foncent vers la Méditerranée à travers un désert. Naturellement elles débordent, ne traversant pas en étrangères ces terres hostiles, mais les fécondant, à l'émerveillement des hommes depuis des millénaires. La Mésopotamie, autrefois fertile, autrefois célèbre, est aussi la création de deux fleuves issus des montagnes turques: l'Euphrate naît sur les plateaux d'Arménie et se développe dans la montagne avant de dérouler ses anneaux jaunâtres parmi les déserts syriens, puis aux bords occidentaux de la Djézirèh. Le Tigre, renforcé par plusieurs affluents importants venus du Zagros, est deux fois plus abondant au niveau de Bagdad. Malheureusement, le miracle égyptien n'est pas renouvelé: plus abondantes, plus proches aussi puisque la montagne qui est parallèle au Tigre ne cesse de lui envoyer des émissaires, ces eaux ne sont pas partout utilisées aussi bien qu'autrefois: trop souvent elles s'écoulent, rapides, parmi les déserts de leurs rives ou, au contraire, stagnent en marécages impuissants et malsains.

Le second facteur favorable, exceptionnel, réside dans la nature et la disposition des couches de terrain qui constituent en maints endroits le sol. En effet, ces roches sont souvent perméables (calcaire, sable, basalte...): créatrices d'aridité superficielle et de sommets désolés, elles ont l'inestimable avantage de laisser s'infiltrer les eaux; celles-ci, protégées ainsi de l'évaporation et d'un écoulement brutal, resurgissent plus bas tout au long de l'année.

C'est ce phénomène qui caractérise les montagnes bien arrosées qui se dressent comme un double écran parallèle à la côte depuis le golfe d'Alexandrette jusqu'au sud de Jérusalem, en particulier dans les calcaires plissés du Liban et de l'Anti-Liban, dans le massif Alaouite et sur le pourtour de l'Amouk; il intervient aussi dans les plateaux jurassiques et crétacés au pied du Taurus et du Zagros et c'est ainsi que sont alimentés les affluents de l'Euphrate et du Tigre. Dans le Haourân et le djebel Druze, l'alternance des laves et des couches imperméables de marne ou d'argile ont le même effet, comme les tables calcaires de l'Hadramaout au sud de l'Arabie.

L'infiltration est la première phase générale du mécanisme; mais ensuite l'eau subit des sorts divers. Tantôt elle ressort en énormes sources au contact d'une couche imperméable, tantôt elle déborde au pied des massifs perméables en nombreuses et puissantes sources vauclusiennes. Il existe aussi des eaux artésiennes, en bordure de la côte libanaise par exemple, ou encore celles du golfe Persique qu'utilisent les habitants du désert voisin. Mais il est aussi des cas où ces réserves constituent des nappes souterraines qu'il faut exploiter au moyen de puits.

Une autre forme de capitalisation de l'eau est celle qui se fait sur les montagnes élevées grâce aux précipitations neigeuses. Ces neiges fondent progressivement au printemps et, jusqu'à la fin du mois de juin, elles contribueront à alimenter des cours d'eau.

Quand l'eau s'écoule ou quand elle jaillit après une course souterraine, elle donne naissance à des organismes superficiels plus ou moins puissants. Parfois, ce ne sont que de courts torrents dévalant depuis les montagnes qui dominent les côtes jusqu'au rivage. Enfin, certains de ces cours d'eau drainent une assez vaste région intérieure, tel l'Oronte, avec ses deux séries de sources successives, qui relie entre eux plusieurs bassins séparés par des seuils rocheux avant de rejoindre la Méditerranée.

Les caractères du climat et la disposition du relief expliquent qu'il existe aussi des régions privées d'écoulement vers la mer comme le sont les pays de l'intérieur de l'Iran et une partie des plateaux turcs. Enfin, les rares pluies qui tombent sur le désert provoquent des phénomènes d'écoulement temporaire, coulées boueuses dans des chenaux sculptés dans des conditions autrefois plus favorables.

Cette eau si rare et si précieuse pose à l'homme un problème constant. De tout temps, les civilisations qui se sont succédé se sont préoccupées d'utiliser au mieux les ressources naturelles, mais on peut se demander si, dans plusieurs régions, l'œuvre moderne est autre chose qu'un pâle reflet des entreprises anciennes. Parfois même d'antiques travaux servent encore, à peine rajeunis. Mais il arrive aussi que tout un système, autrefois admirable, ait sombré et que la désolation ait fait place aux plus considérables splendeurs, aux plus riches cultures.

Cependant, pour étendre le rayonnement de l'eau ou utiliser au mieux les quantités faibles ou irrégulières dont il dispose, l'homme n'a pas cessé de chercher une solution. On trouve encore, côte à côte, l'utilisation des techniques les plus diverses et l'on peut se demander si l'intervention de l'homme moderne n'a pas été plus un perfectionnement qu'une invention. Sur les bords du Nil, comme sur ceux de l'Euphrate ou de l'Oronte, les gestes millénaires du fellah n'ont pas changé. Il utilise toutes les formes de norias, mues par l'eau courante ou par un manège actionné par un âne tournant sans fin; il se sert aussi du chadouf, cette espèce de balancier qui permet de haler l'eau dans des seaux, souvent faits de cuir, ou encore de la vis d'Archimède. D'autres procédés ont pour objet d'assurer la constitution d'une réserve d'eau: ce sont généralement des barrages, mais leur variété est infinie. Il existe de tout petits barrages de torrents à partir desquels l'eau s'épand par gravité sans mesure et sans retenue sur les terres situées en aval; à l'opposé, les plus grandes réussites de la technique moderne sont les énormes barrages construits sur le Nil et qui ont permis de remplacer le vieux système naturel par une irrigation permanente, contrôlée, scientifique. Dans tous les cas, ces barrages s'accompagnent de chenaux à ciel ouvert, plus ou moins perfectionnés, qui donnent au paysage cet aspect de quadrillage si particulier au delta du Nil, à la Mésopotamie en quelques points entre Bagdad et Bassorah. Le moteur diesel ou la pompe électrique interviennent souvent pour élever le niveau de la nappe aquifère et de grandes surfaces sont ainsi fécondées. Afin de lutter contre l'évaporation et d'utiliser l'eau infiltrée dans la masse du sol, on utilise des galeries souterraines. On peut en distinguer deux types: tout d'abord les galeries d'alimentation creusées sous les élévations de terrains et rassemblant l'eau qui suinte dans ces sortes de drains. Il s'agit là d'un système analogue aux foggaras. D'autre part, certains canaux souterrains n'ont pour mission que de transporter les eaux depuis leur point d'origine jusqu'au lieu où elles sont utilisées pour l'irrigation. Cette eau est distribuée aux cultures sous forme de pluie par des appareils rotatifs ou des tuyaux perforés basculants.

A propos de l'irrigation, le problème majeur est évidemment celui de la quantité d'eau dont on dispose. Pour se procurer cette eau, on est amené à creuser de très nombreux puits; la proportion des terres irriguées de cette façon par rapport à celles arrosées par des eaux de pluie est de 1 à 20. D'autres problèmes techniques se posent: les eaux des fleuves, souvent chargées d'énormes quantités de débris, combleraient rapidement les barrages si des précautions spéciales n'étaient pas prises. Il faut aussi considérer l'époque de l'année: les eaux du Tigre et de l'Euphrate, par exemple, atteignent leur maximum au printemps, mais elles sont peu abondantes pendant la période la plus sèche; au contraire, l'Egypte est, à cet égard, très favorisée.

L'irrigation soulève également un problème de discipline sociale. Le paysan doit, en effet, se soumettre à une réglementation très précise pour la distribution des eaux (horaires, quantité); il est limité dans le choix de ses cultures et parfois, quand l'eau manque, il arrive que des régions entières soient sacrifiées, ruinant ainsi une année d'efforts.

On estime que les terres irriguées du Proche-Orient pourraient s'étendre sur près de 1 000 000 de km²; elles en couvrent 100 000, en y comptant les surfaces recouvertes par les crues naturelles et, dans beaucoup de cas, les moyens employés sont primitifs ou peu efficaces. Cependant, des progrès sont en cours: lents dans les pays où l'irrigation faisait partie du système traditionnel, stupéfiants dans ceux où s'est produit un bouleversement des conditions économiques. De toute manière, l'expansion de l'irrigation est possible, mais elle engage de gros frais et pose parfois des problèmes politiques comme entre Egypte et Soudan, rivaux pour l'utilisation des eaux du Nil. L'Egypte a de gigantesques projets avec le nouveau barrage d'Assouan. L'Irak, la Syrie, l'Iran aussi sans doute pourraient doubler au moins leur surface irriguée et limiter les dégâts des sécheresses intempestives aussi bien que développer leurs récoltes aux dépens du désert.

Dilemme de l'OPEP

Si l'escalade des prix du pétrole a pu créer des problèmes ardus aux pays consommateurs en 1974, on a l'impression qu'elle en a créé, en 1975, de non moins ardus aux pays producteurs. Réunis à Alger à l'enseigne de l'OPEP (organisation des pays exportateurs de pétrole), ces derniers ont eu à apprécier les implications de trois baisses, soit celle de la production du pétrole (comme moyen de préserver les revenus), celle des prix (pour soulager les pays pauvres) et celle du dollar (conséquence de l'inflation). Autrement dit, à cause de la baisse de la valeur du dollar, l'OPEP a été réduite à se demander si elle devait produire moins, vendre moins cher ou se contenter de devises affaiblies. A la suite du coup de force de 1974, l'OPEP réduisit sa production aux fins de créer une rareté susceptible d'accroître ses revenus. En 1975, elle produisit 12 millions de barils par jour de moins que sa capacité, la seule Libye ayant réduit sa production de 60 p. 100. Cette stratégie a contribué à accentuer la spirale inflationniste et a déclenché un réflexe de défense des pays consommateurs. Bousculés par les circonstances, ceux-ci ont décidé, d'une part, d'accumuler des réserves au cas où les Arabes décréteraient un nouvel embargo (plus d'un milliard de barils, soit plus de 10 p. 100 des exportations de l'OPEP furent stockées par les pays consommateurs en 1977) et, d'autre part, ils acceptèrent de se faire une raison et d'économiser le carburant. Les consommateurs n'avaient pas le choix. Pressés par la récession et sensibilisés par la crise, ils rendirent possible une baisse substantielle de la consommation, ce qui a faussé les calculs des producteurs. L'OPEP se trouva aux prises avec un curieux dilemme. D'un côté, elle était incitée à réduire sa production de manière à provoquer la rareté en vue de maintenir le haut niveau des profits, mais, d'un autre côté, elle se voyait forcée de réduire les prix en vue d'établir un rapport industriel plus équitable entre les pays pauvres et les pays riches. Les prix en vigueur privèrent assurément les riches de certains luxes, mais ils privèrent les pauvres de l'essentiel. S'ils n'écoutaient que leur ressentiment, les pays producteurs fixeraient les prix le plus haut possible, mais cela ne ferait qu'inciter davantage les grands pays consommateurs à réduire leur consommation et à rechercher avec encore plus d'ardeur de nouvelles sources d'énergie. Pour relancer la demande, l'OPEP devrait donc songer à décréter une baisse substantielle de ses prix. Autre sujet de préoccupation: la réduction incéssante de la valeur du dollar, base du calcul pour le prix du pétrole brut. Cette réduction, ainsi que l'augmentation constante du prix des produits importés par les pays producteurs, se trouvèrent à affaiblir grandement la valeur du $12.70 que coûtait le baril de pétrole. On sait que ce prix fut gelé jusqu'en 1978.

On croit que les membres proche-orientaux de l'OPEP songent à créer un fonds monétaire destiné à augmenter le poids économique du monde arabe, ce qui pourrait être un premier pas vers la création d'une monnaie arabe unique, et l'abandon du dollar américain comme référence au prix du brut.

X

Le schéma de développement économique souhaitable

Si on observe, à une extrémité, une société à prédominance agricole où les besoins sont fixés par la tradition, où les modes de travail sont artisanaux et traditionnels, et, à l'autre extrémité, une société à prédominance industrielle où les besoins croissent d'année en année, où l'organisation du travail n'est jamais fixée, on dira qu'il ne s'agit pas de deux sociétés dont le produit national a inégalement augmenté, mais qu'il s'agit essentiellement de deux types de société, étant entendu que l'on peut calculer le rapport quantitatif entre le produit national de l'une et le produit national de l'autre. A l'intérieur d'une société industrielle, le progrès peut prendre une forme essentiellement qualitative, et, dans d'autres cas, une forme essentiellement quantitative.

On distingue deux types de progrès technique, selon que celui-ci crée immédiatement des emplois supplémentaires pour la main-d'œuvre ou, au contraire, se traduit par la réduction de la main-d'œuvre immédiatement employée. Le progrès technique qui consiste à créer une industrie nouvelle, le cinéma ou l'électronique, est un progrès processif; il fournit immédiatement de l'emploi à une main-d'œuvre supplémentaire. En revanche, si on considère le progrès technique dans une branche industrielle classique, par exemple dans les charbonnages ou dans la sidérurgie, le progrès technique aura, dans l'immédiat, un caractère récessif; il se traduira par une augmentation des quantités de charbon ou d'acier produits en fonction du nombre de travailleurs employés. Il peut se faire qu'une compensation s'opère et que les usines qui fabriquent les machines nécessaires pour augmenter le rendement du mineur de fond emploient une fraction des autres ouvriers par l'augmentation du rendement dans les mines, les autres étant disponibles pour une autre production. De cette distinction, on pourrait en tirer une autre, plus générale, entre le progrès technique qui se manifeste par la création de produits nouveaux, originaux, et le progrès technique qui se traduit par l'augmentation de la production de marchandises déjà connues. Parmi les marchandises aujourd'hui offertes dans une économie industrielle, un grand nombre sont les mêmes qui étaient disponibles il y a un siècle, produites en quantité croissante, avec une main-d'œuvre décroissante; d'autres, originales par rapport au passé, sont des créations qualitatives. Cette distinction montre immédiatement la précarité du rapprochement entre le développement des sociétés industrielles européennes au XIXe siècle et le même développement dans les sociétés arabes un siècle après. En effet, quand une société européenne en était au niveau du développement actuel de l'économie arabe, il n'y avait pas d'aviation ou d'électronique. Toutes les comparaisons entre phases non contemporaines de développement, de société à société, sont aléatoires.

Considérons le secteur de l'agriculture. La croissance consiste essentiellement à produire en quantité croissante, avec une main-d'œuvre décroissante, des marchandises déjà connues. Il y a peu de créations radicalement originales, mais le progrès technique s'opère de multiples manières, par le choix de semences sélectionnées, par un emploi accru d'engrais, par la motorisation, enfin par l'organisation meilleure du travail. La qualité des semences est de signification universelle; il est toujours utile, dans toutes les agricultures, d'utiliser des semences qui rendent davantage. En revanche, lorsque l'on considère les engrais ou la motorisation, il faut alors faire intervenir le rapport entre la quantité de capital engagé et l'augmentation de production qui en résulte. D'autre part, la motorisation est rentable ou non rentable selon de multiples considérations relatives à la dimension des exploitations et aux autres possibilités de traction dont on dispose. On ne peut pas imiter servilement certaines méthodes techniques utilisées dans les économies agricoles les plus progressives. L'augmentation de la production avec réduction de la main-d'œuvre qui est obtenue dans l'agriculture américaine, par exemple, à force de motorisation et d'engrais, peut être obtenue dans d'autres agricultures par d'autres procédés. Finalement, on pourra toujours calculer le progrès quantitatif, mais la forme que prendra le progrès variera d'économie à économie et sera un phénomène qualitatif. Qualitative encore sera l'attitude du producteur agricole et en particulier du paysan. Pour que celui-ci utilise des semences sélectionnées, se demande s'il est rentable d'augmenter la quantité d'engrais ou de remplacer son cheval par un tracteur, il faut que le paysan cesse de vivre dans un univers traditionnel, il faut qu'il applique, fût-ce grossièrement, un calcul économique, et il faut qu'il accepte comme normale la transformation des moyens de production. Ce qui permet cette augmentation quantitative, c'est une transformation qualitative de l'attitude du producteur à l'égard de son travail, du paysan à l'égard de la tradition, et souvent une transformation même des institutions légales, car il peut être impossible d'appliquer les moyens techniques les plus perfectionnés dans des cadres juridiques anciens.

Même dans cette analyse, on retrouve des différences qualitatives; les procédés par lesquels on obtient la croissance ne sont pas automatiquement transférables d'un pays à un autre, la conduite humaine par laquelle l'accroissement est obtenu, est spécifique, singulière, elle implique de la part des producteurs le consentement à l'innovation, un certain état d'esprit qu'on appelle rationnel, faute d'un meilleur terme.

Lorsque l'on pose la question, dans l'abstrait, de savoir ce qui détermine la rapidité de la croissance, une énumération presque illimitée de facteurs est possible. Mais ce qui est décisif, c'est la manière dont les sujets économiques pensent leurs relations à leur travail; or cette manière de penser est déterminée par l'ensemble de l'entourage, à la fois technique et social. Dans l'industrie, une analyse comparable à celle qu'on vient d'esquisser à propos de l'agriculture pourrait être faite. Les éléments d'innovation radicale y sont plus fréquents que dans l'agriculture; des fabrications nouvelles surgissent, et l'on est parfois tenté de fixer les différentes périodes de l'évolution de la civilisation industrielle par rapport aux principales sources d'énergie, le pétrole par exemple.

L'augmentation est parfois directement quantitative. Le chef d'entreprise, lorsqu'il pense conformément aux lois de la société industrielle, se demande: « Etant donnés les moyens de production dont je dispose actuellement, comment puis-je obtenir le maximum de profits ou de produits? » La notion de l'augmentation quantitative est directement présente à l'esprit du producteur. Mais cette augmentation de production peut, elle aussi, être obtenue par divers procédés qui n'ont pas nécessairement de portée universelle. Dans l'agriculture, on distingue couramment deux directions dans lesquelles on cherche à maximiser la production, ou bien le maximum par espace cultivé, ou bien le maximum par tête de travailleur. Le choix entre les deux directions est déterminé par des circonstances multiples. Selon que l'on dispose d'une grande ou d'une faible quantité de terre, on cherche à maximiser la production par espace cultivé ou par travailleur.

De la même façon, dans l'industrie, il y a deux directions dans lesquelles on peut développer le progrès technique. On peut chercher à économiser au maximum la main-d'œuvre ou bien les matières premières, et là encore ces deux directions sont typiques l'une des Etats-Unis et l'autre de nombreux pays européens.

Aux Etats-Unis, les ressources en matières premières étaient considérables, les ressources en main-d'œuvre limitées et la main-d'œuvre, d'une manière générale, coûtait cher. La tendance de toutes les industries américaines a été d'économiser au maximum la main-d'œuvre, quitte à dépenser des quantités considérables de matières premières. Dans les mêmes industries, Europe et Etats-Unis emploient parfois différemment la main-d'œuvre d'un côté, les matières premières de l'autre, ce qui nous ramène une fois de plus à l'idée que l'on peut toujours calculer les résultats des processus, mais que ces processus sont qualitativement différents, liés à des conditions multiples, diverses dans chaque société. Le progrès technique suppose le développement des machines ou encore, en termes quantitatifs, l'augmentation du capital disponible par tête de travailleur. Quand on établit une comparaison entre les économies, on utilise très souvent la notion: « Quelle est la valeur du capital utilisé par tête de travailleur? » Le danger de ces comparaisons quantitatives, c'est que la quantité de capital par tête de travailleur est le résultat mesurable d'une transformation qualitative, transformation qualitative de ce que fait la machine et de ce que fait l'ouvrier, transformation qualitative du rapport entre l'ouvrier et la machine; telle activité qui était d'abord exercée par la main de l'ouvrier est ensuite exercée par l'outil, tel contrôle de l'outil par l'ouvrier est ensuite transféré à la machine, jusqu'aux formes extrêmes du contrôle automatique par la machine elle-même. Les résultats de ces transformations complexes, on peut les figurer de manière simplifiée par la quantité de capital à la disposition de chaque travailleur, mais il ne faut pas imaginer que ce résultat soit simplement l'effet ultime d'une addition progressive de capital. On arrive à une quantité croissante de capital par travailleur parce que, à l'intérieur de chaque entreprise, à l'intérieur de chaque secteur, à l'intérieur de chaque atelier, on a repensé de manière permanente les relations entre les ouvriers, entre les ouvriers et la machine. En dehors du phénomène de la quantité de capital par travailleur, un phénomène qualitatif intervient qui est l'organisation de la production. Comment poser le problème des facteurs de développement? Le développement dépend essentiellement d'une attitude des sujets économiques. Cette attitude des sujets économiques paraît avoir un triple aspect qui explique les différentes versions que l'on a données de l'esprit de la civilisation industrielle moderne: l'esprit de science et de technique, l'esprit de calcul économique et, en troisième lieu, l'esprit et le goût du progrès, du changement, de l'innovation. Ces trois aspects ne sont pas toujours joints ou ne sont pas toujours présents au même degré d'intensité. Aucun individu n'est plus typique du calcul monétaire qu'un commerçant ou un marchand, mais le commerçant ou le marchand qui calcule son gain au plus juste n'est pas créateur de la civilisation industrielle. L'esprit de calcul est utile à la civilisation industrielle dans la mesure où s'y joignent l'esprit de science et l'esprit d'innovation. Quelles sont les conditions ou les circonstances dans lesquelles cet esprit se développe, s'épanouit et donne ses fruits? Il semble que l'on peut faire une énumération simple des circonstances favorables, à condition d'admettre un très haut niveau d'abstraction. Le premier type de conditions est constitué par le cadre institutionnel. L'attitude de calcul, de désir d'innovation et de science exige une administration et une justice relativement rationnelles, prévisibles. De multiples conditions d'ordre institutionnel, moral, politique, sont nécessaires pour que se réalise l'attitude typique de la civilisation industrielle. Le deuxième type de conditions se ramène à ce que l'on appelle, dans le jargon économique, les incitations. Pour que l'esprit de la civilisation industrielle s'épanouisse, il faut qu'il y ait une relation entre le travail et la rétribution. Il faut que le producteur, l'entrepreneur ou travailleur ait le sentiment qu'une augmentation de son effort, une augmentation de la production se traduira par une amélioration de son sort. Le problème des incitations à la production, en termes abstraits, est simple: en pratique, il n'y a pour ainsi dire pas d'institution politique et sociale qui n'ait une influence sur les incitations. Aujourd'hui, dans de larges parties du monde, le régime de la propriété foncière est tel que celui qui travaille la terre n'a pas d'intérêt à augmenter la production, puisque la plus grande partie de l'augmentation de la production va au propriétaire foncier. Il peut donc se faire qu'une organisation juridique de la propriété soit défavorable à l'incitation et exerce une influence sur le taux de croissance. Un des éléments qui agissent sur la relation entre le travail et la rétribution est le régime fiscal qui peut être analysé dans ses effets sur l'incitation à produire. Un prélèvement fiscal trop considérable à partir d'une certaine tranche de revenus peut être directement contraire à la croissance, parce que les individus n'auraient plus intérêt à produire au-delà d'un certain point. Il peut se faire qu'une certaine inégalité de salaires soit favorable à la croissance, qu'il y ait intérêt à élargir l'éventail des rétributions si, en donnant une prime supplémentaire à ceux qui travaillent davantage, on les incite à produire plus. Donc, l'incitation à la production constitue un facteur de croissance, mais l'incitation à la production est influencée pratiquement par toutes les institutions économiques et même politiques.

La propriété privée des instruments de production est-elle favorable ou défavorable au développement? Si par propriété privée de la terre, on entend la grande propriété foncière où le propriétaire retient pour lui-même la plus grande partie de l'augmentation de la production, la propriété individuelle est défavorable à la croissance; s'il s'agit de la propriété individuelle du paysan exploitant, elle peut être favorable à la croissance, mais elle peut être aussi défavorable; le paysan propriétaire est intéressé à produire, mais si sa propriété est trop petite ou s'il a une psychologie conservatrice, il n'utilisera pas les enseignements de la science. La troisième espèce de facteur de développement est le capital et la population. C'est une notion unanimement acceptée que l'un des facteurs déterminants de la croissance est l'importance du capital investi par tête de travailleur. En gros, tout ce qui détermine des investissements importants, donc tout ce qui augmente la disponibilité de capital sera favorable à la croissance. Mais quels sont les facteurs qui déterminent l'importance du capital disponible? Il faut faire intervenir de multiples phénomènes, les uns internes au système économique lui-même, les autres d'ordre social. Le système économique, dans une certaine phase, peut contribuer à élargir le volume du capital disponible en augmentant l'épargne. La psychologie des individus et des groupes exerce aussi une influence quant à l'effet des mouvements de populations sur le montant des capitaux disponibles ou des capitaux investis. En théorie, si l'augmentation de la population est faible, les familles sont peu nombreuses, et l'on pourrait en conclure que l'épargne sera importante. De ce point de vue, on pourrait être tenté de dire que le pays dont la population augmente peu disposera de beaucoup de capitaux et que la croissance par tête de la population sera rapide. D'autre part, l'esprit d'entreprise peut être affecté par une population stationnaire ou déclinante. Les effets indirects, psychologiques, des mouvements de population sont plus forts que les effets directs. Au XIXe siècle, la condition la plus favorable à la croissance économique a été un certain rythme d'accroissement de la population. De nos jours, il semble que le principal facteur de croissance soit le financement, car on recourt constamment à des sommes de plus en plus importantes pour réaliser des projets qui autrefois auraient coûté beaucoup moins cher. C'est là que les liquidités arabes peuvent intervenir efficacement.

De cette recherche de la production quantitative vient la tendance machiniste à concentrer l'effort exclusivement sur la production de biens matériels. On accorde une importance disproportionnée aux moyens de vie physiques. Les gens sacrifient leur temps et les plaisirs présents pour acquérir une plus grande abondance de moyens physiques. Car on suppose qu'il y a une relation étroite entre le bien-être et le nombre de baignoires, d'automobiles ou d'objets analogues que l'on peut posséder. Cette tendance, non à satisfaire les besoins physiques de la vie, mais à étendre indéfiniment la quantité d'équipement matériel, n'est pas un caractère exclusif de la machine, parce qu'elle était aussi l'accompagnement naturel des phases capitalistes dans les autres civilisations. Ce qui caractérise la machine, c'est le fait que cet idéal, au lieu d'être réservé à une classe, s'est vulgarisé et répandu dans toutes les couches de la société.

On peut définir cet aspect de la machine comme un matérialisme sans but. Son principal défaut, c'est de jeter une

ombre de reproche sur toutes les occupations et tous les intérêts non matériels de l'humanité. En particulier, il condamne
les intérêts libéraux, intellectuels et esthétiques, parce qu'ils
ne sont pas utiles. Le bienfait de l'invention, pour les naïfs
avocats de la machine, c'est de supprimer le besoin d'imaginer. Au lieu d'avoir, en rêve, une conversation avec un ami
lointain, on prend le téléphone et on substitue sa voix à l'imagination. Si l'on est ému, au lieu de chanter ou d'écrire un
poème, on peut faire marcher le tourne-disque. On ne dénigre
pas le tourne-disque ou le téléphone en disant que leur fonction spéciale ne remplace pas la force de la vie imaginative,
pas plus qu'une deuxième salle de bains, si bien équipée soit-
elle, ne remplace un tableau ou un jardin. Le fait brutal est
que notre civilisation est appréciée maintenant d'après l'usage des instruments mécaniques, parce que les opportunités
de production commerciale et d'exercice du pouvoir se trouvent là. Toutes les réactions humaines directes ou les arts
personnels qui exigent un minimum d'instruments mécaniques sont méprisés. L'habitude de produire, que ce soit nécessaire ou non, d'utiliser des inventions, que ce soit nécessaire
ou non, d'employer la puissance, qu'elle soit efficace ou non,
pervertit chaque branche de la civilisation actuelle. Le résultat est que des domaines entiers de la personnalité ont été
négligés. Les buts manquent plus que les moyens. Cet instru-
mentalisme est contraire aux réactions vitales qui ne sont pas
intimement liées à la machine. Il exagère l'importance des
biens physiques en tant que symboles d'intelligence, de capacité et de prévoyance et même tend à considérer leur absence
comme un signe de stupidité et d'échec. Dans la mesure où le
matérialisme est sans but, il devient une fin. Les moyens deviennent aujourd'hui une fin. S'il faut justifier en d'autres
termes les biens matériels, disons que l'effort de consommation fait marcher les machines. Cependant, les besoins de
régime alimentaire équilibré, de maisons favorables à la vie de
famille et de villes tenant compte de l'homme total sont presque universellement négligés.

Les inventions qui rétrécissent l'espace, économisent le
temps, produisent des biens, sont toutes des manifestations
de la production machiniste moderne. Et on rencontre le
même paradoxe pour la puissance et la machine. Leurs économies sont en partie annulées par l'augmentation des occasions
et même des nécessités de consommation.

Une organisation mécanique est souvent le substitut temporaire et coûteux d'une organisation sociale effective, ou d'une adaptation biologique saine. Le secret de l'analyse du mouvement, de la maîtrise des énergies, de la conception des machines, a été découvert avant que nous ne commencions une analyse ordonnée de la société moderne et que nous n'ayons tenté de contrôler les tendances inconscientes des forces techniques et économiques. L'ingénieuse réparation mécanique des dents, qui date du début du XVe siècle, a anticipé sur nos progrès en physiologie et en diététique, qui réduiront le besoin de réparations mécaniques. Beaucoup de nos triomphes mécaniques ne sont que des bouche-trous qui servent à la société pendant qu'elle apprend à mieux diriger ses institutions sociales, ses conditions biologiques et ses buts propres. En d'autres termes, la majeure partie de notre appareil mécanique est utile dans la mesure où une béquille est utile quand on a une jambe cassée. Inférieure à la jambe, la béquille aide à marcher pendant que les os et les tissus se reconstituent. L'erreur courante est d'imaginer qu'une société dont chaque membre est pourvu d'une béquille est ainsi meilleure qu'une société où la majorité des gens marchent sur les deux jambes. Avec une ingéniosité remarquable, on a inventé des appareils mécaniques pour lutter contre le temps et l'espace, pour augmenter la quantité d'énergie dépensée en travail inutile, et pour accroître les pertes de temps résultant d'échanges superficiels et inopportuns. Mais notre succès nous a aveuglés sur le fait que ces inventions ne sont pas en elles-mêmes des marques d'efficience ou d'effort social intelligent. Les conserves et la réfrigération, permettant de répartir un ravitaillement limité sur toute une année, ou de le distribuer dans des régions éloignées du lieu de production, représentent un gain réel. Mais, d'autre part, l'emploi des conserves dans des régions où les fruits et légumes frais sont disponibles devient une perte vitale et sociale. Le fait que la mécanisation se prête à la grande industrie et à l'organisation financière et va de pair avec tout le mécanisme de distribution de la société capitaliste donne souvent l'avantage à ces méthodes indirectes et finalement moins efficaces. Il n'y a pas d'intérêt à consommer des denrées vieilles de plusieurs années ou qui ont été transportées sur des milliers de kilomètres, lorsqu'on peut trouver sur place les mêmes produits. C'est un défaut de distribution rationnelle qui permet un tel phénomène dans la société. Les machines ont en quelque sorte sanctionné l'inefficacité sociale. Cette sanction a été tolérée d'autant plus facilement que les entreprises individuelles gagnaient ce que l'ensemble de la communauté perdait par ce mauvais emploi des énergies. L'efficience est souvent confondue avec l'adaptation à la production en usine et le marché à grande échelle, c'est-à-dire avec l'aptitude aux méthodes actuelles d'exploitation commerciale. Mais, au point de vue social, la plupart des progrès extravagants de la machine sont basés sur l'invention de moyens complexes pour fabriquer des choses qui pourraient être réalisées à meilleur marché et plus simplement.

La théorie du développement rappelle que les économies modernes sont essentiellement progressives, que la progression se définit par le progrès technique ou l'accroissement du rendement du travail, ce qui implique une attitude rationnelle et pour ainsi dire scientifique par des facteurs qui semblent intervenir dans toutes les économies, à savoir la saturation successive des différents besoins, le transfert de la demande d'un secteur à un autre en fonction de l'augmentation des revenus et l'inégale rapidité du progrès technique selon les secteurs.

Aujourd'hui, on trouverait absurde de poser dans l'abstrait le problème « libre-échange ou protection ». Le problème doit être posé en termes différents selon les phases du développement. Imposer la libre entrée des produits manufacturés dans l'Inde, au moment où celle-ci se trouve dans la phase initiale de la croissance, ne peut qu'être un moyen subtil, conscient ou inconscient, de paralyser l'industrialisation. En revanche, s'il s'agit d'économies à un degré relativement égal de développement, le libre-échange ou une large mesure de concurrence internationale peut être favorable à la croissance simultanée de toutes les économies en communication. La théorie de la croissance permet d'expliquer pourquoi toute conception purement microscopique, relative à la formation des prix, reste artificielle. Les prix de n'importe quels produits sont relatifs à l'ensemble des autres prix, mais, de plus, en fonction de la croissance, les relations entre les différents prix évoluent dans un sens donné. On pourrait encore reprendre le problème de la croissance économique à travers l'alternance des cycles. Mais on a étudié la croissance de l'économie dans l'exemple particulier du XIXe siècle, où, effectivement, cette croissance s'est opérée sous la forme de phases alternées de longue durée, de hausse et de baisse de prix. De cette étude, on a tiré la conclusion que l'alternance elle-même était indispensable. Certains phénomènes, par exemple l'intensification du machinisme ou un rythme accéléré de progrès technique, ne se produisaient que sous la pression de la baisse des prix qui, combinée avec la résistance des salariés à la baisse des salaires nominaux, obligeaient les entrepreneurs à la rationalisation. On pourrait discuter les résultats en fonction de la théorie de la croissance, remettre en question l'idée selon laquelle l'alternance elle-même était indispensable. Cette théorie est sociologique en même temps qu'économique. Elle nous fait comprendre la distribution des dépenses d'une population globale et d'une classe particulière de la population en fonction des revenus. C'est donc une explication par l'économie du mode de vie d'une population et de chaque classe de la population. Elle aide à comprendre les modifications démographiques: diminution de la natalité, diminution de la mortalité; inégalité aussi du rythme de ces deux phénomènes. Elle explique encore les variations de la durée du travail, la modification de la durée des études.

La croissance quantitative n'équivaut pas toujours à un progrès humain, ni même toujours à un progrès économique au sens vaste et vague du mot progrès. Une économie de guerre, avec un développement considérable de la production d'armes et de munitions, suscitera une croissance de la production qu'on hésitera à appeler progrès. On conçoit deux cas de croissance sans progrès économique: lorsque les objets produits ne correspondent pas à une satisfaction meilleure des besoins des individus, lorsque la croissance économique générale se traduit par une répartition plus inégalitaire du produit national. Dans la majorité des cas, la croissance économique s'accompagne d'une répartition meilleure. Cependant la croissance n'implique pas une égalisation des revenus et, par conséquent, une satisfaction croissante des individus. Rien ne prouve qu'une population où le produit national brut a crû rapidement, soit au bout de dix ans, plus satisfaite qu'elle ne l'était auparavant. La satisfaction ou l'insatisfaction ne dépend pas de la quantité absolue de biens que l'individu peut obtenir, elle peut être fonction d'abord de l'inégalité dans la répartition des revenus, et, d'une manière plus générale, du rapport entre les désirs et les jouissances. On peut se demander si, dans la société industrielle, les désirs des individus n'augmentent pas plus vite que les ressources pour les satisfaire. Dès que l'on veut faire la sommation des biens produits dans une collectivité, on se heurte à de multiples obstacles. Il est difficile de déterminer ce qui, dans la production de l'année, correspond au renouvellement normal de l'outillage existant, et ce qui représente un investissement supplémentaire. Il est difficile de faire la discrimination entre les produits intermédiaires et les biens finals.

Si l'on veut faire la sommation des biens produits dans une collectivité, il faut additionner les valeurs ajoutées à chaque stade de la production.

Ces transformations économiques concernent aussi des valeurs et des mécanismes sociaux. Parmi ces valeurs figurent la réduction des inégalités dans la distribution des revenus, la redistribution des revenus par l'Etat, la diminution de la durée du travail, et l'organisation de syndicats libres susceptibles de discuter avec les syndicats patronaux. Parmi les mécanismes figurent la fixation de certains prix, le contrôle administratif partiel du commerce extérieur et surtout la responsabilité pour le plein emploi, l'Etat considérant qu'il doit empêcher qu'un grand nombre d'hommes ou de machines restent inemployés.

Le déterminant est l'attitude des sujets économiques, attitude technique, calcul économique rigoureux, sens des innovations. Or, les transformations dites socialistes n'ont pas d'effet direct sur l'attitude des sujets économiques. Tout au plus, ces transformations ont-elles peut-être tendance à atténuer le désir d'innovation chez les entrepreneurs. En ce qui concerne les ouvriers, les transformations peuvent avoir, dans certains cas, pour conséquence de diminuer l'incitation au travail, dans la mesure où la différenciation des salaires se trouve volontairement ou involontairement réduite. Dans les pays qui sont passés d'un système économique occidental à un système économique socialiste, l'éventail des salaires a été immédiatement élargi. Les planificateurs considèrent que l'inégalité de rétribution entre la base et le sommet, au moins parmi les salariés, est un facteur favorable à la production. Dans la mesure où une fiscalité progressive reprend une partie importante des profits d'entreprises, l'incitation à la création économique pourrait être affaiblie par suite d'un moindre effort en vue d'accumuler des bénéfices. Les transformations d'ordre social pourraient avoir également certaines conséquences sur le montant de l'épargne disponible.

Pourquoi l'incitation au développement a-t-elle été plus forte aux Etats-Unis? Certains libéraux, ayant éliminé tous les facteurs purement mécaniques que l'on invoque d'ordinaire, concluent: « Cette marge inexpliquée, la nature du régime économique en rend compte; le facteur décisif de la productivité américaine, c'est l'atmosphère permanente de compétition qui y règne. » Il se peut que le facteur psychologique, décisif, de la productivité soit la compétition, de l'ensemble du milieu historique américain. La productivité américaine était favorisée par les conditions naturelles, mais elle exigeait quelque chose de plus, une certaine conduite ou attitude des Américains.

Lorsque l'on considère les matières premières ou la superficie cultivée, on est dans l'ordre du quantitatif, et l'on peut passer de l'avantage physique à l'avantage de productivité et donner une évaluation approximative de l'importance du facteur; en revanche, lorsqu'on considère les éléments psychosociaux, on est dans l'ordre du non-mesurable. A l'intérieur d'un seul pays, soumis au même régime politique, avec le même genre de concurrence, des résultats très différents sont obtenus. Songez à la différence des taux de croissance selon les Etats des Etats-Unis. Les Etats du Sud sont restés sous-développés pendant un demi-siècle après la guerre de Sécession, bien que le régime économique, en termes légaux, fût exactement le même que dans le Nord; la croissance n'est jamais prévisible mathématiquement à partir de facteurs quantifiables. Quand commença la croissance rapide des Etats du Sud aux Etats-Unis? Surtout depuis la Deuxième Guerre mondiale, lorsqu'un grand nombre d'entrepreneurs venant d'autres parties des Etats-Unis ont découvert que le Sud offrait, en raison de salaires plus bas, des conditions favorables à la création d'industries. Autrement dit, les circonstances ont incité au développement industriel, entrepreneurs et capitaux ont afflué, ce qui revient à dire une fois de plus que le développement est le résultat de l'action combinée de situations naturelles, géographiques et historiques, et de la réaction des hommes à ces situations. Ce qui change, ce sont les hommes, leur manière de penser, leur manière de travailler. Le phénomène réel est le changement social, dont les chiffres sont l'expression. Dès lors, la recherche des causes vise à saisir des phénomènes, isolables conceptuellement ou quantitativement, qui rendent compte de l'inégalité des résultats chiffrés. Une société traditionnelle est bouleversée par le phénomène de croissance économique caractéristique de l'époque moderne. Le Japon est le pays non occidental où la croissance économique a été la plus rapide, plus rapide même, probablement, qu'en URSS. Le cas est d'autant plus extraordinaire qu'il s'agit d'une civilisation foncièrement différente, qui a procédé toute seule à cette transformation révolutionnaire, sans être ni dominée ni exploitée par aucun pays d'Occident.

Les réformateurs de l'ère Meïji voulaient adapter leur pays à l'économie occidentale pour en sauver l'indépendance. Ils ont compris que l'on ne pouvait pas former une armée comparable aux armées occidentales sans une économie comparable à l'économie occidentale; et que, donc, l'équipement d'ensemble des sociétés occidentales était nécessaire. Ils ont décidé d'introduire un système d'éducation de type occidental, c'est-à-dire d'abord l'école primaire: ils ont tous appris à lire. Ils ont reconnu ensuite que l'économie de type occidental exigeait un système juridique, individualiste et rationnel, ils ont envoyé des experts en France et en Allemagne; le système juridique japonais a été largement copié sur ceux de ces deux pays. Ils ont compris que l'économie de type occidental exigeait l'application de la science à l'industrie, et ils ont créé des écoles techniques. Ils ont compris que les entreprises privées ne pouvaient pas remplir leur fonction si l'on ne créait pas une infrastructure administrative et un système de communications et de transports comparable à celui qui existait en Occident. Enfin, ils n'ont pas ignoré qu'il fallait mobiliser chaque année un montant important du produit national afin de l'investir.

Or, si l'exemple du Japon est vrai, il est difficile de formuler simplement les causes de la croissance économique. Ce qui est cause de la croissance dans un pays non occidental, c'est l'ensemble de cette transformation. Dans un pays occidental, la croissance sera d'autant plus rapide que les hommes seront plus conformes au type idéal du sujet économique: sujet animé par la volonté de produire toujours plus, soit de gagner de plus en plus, soit de rationaliser de mieux en mieux. Une économie croîtra d'autant plus qu'elle sera plus rationnelle et animée d'un dynamisme plus fort. Ce qui détermine les rythmes différents de croissance, ce n'est pas un facteur isolé et isolable, mais l'ensemble de la réalité sociale et économique du pays considéré. Si l'on allait jusqu'au bout de ce raisonnement, on devrait conclure qu'il n'est pas possible d'isoler abstraitement les facteurs de croissance. Toutes les sociétés industrielles, et plus généralement toutes les sociétés complexes, comportent une triple hétérogénéité: celle qui résulte de la division du travail, celle qui tient à la hiérarchie de richesse, de puissance ou de prestige entre les différents individus, enfin celle que crée la pluralité des groupes qui se constituent et s'opposent les uns aux autres à l'intérieur de la société globale. Cette dernière hétérogénéité se rapporte à ce que l'on appelle d'ordinaire le problème des classes. Mais ce problème est complexe et il conviendra d'analyser les trois aspects de l'hétérogénéité sociale qu'on vient de rappeler. Il est clair immédiatement que certains phénomènes essentiels de la division du travail sont déterminés presque exclusivement par la technique de production et se retrouvent, analogues, dans toutes les espèces de sociétés industrielles. La partie la moins intéressante, la plus banale de l'étude de l'hétérogénéité sociale est celle qui envisage la structure technique des sociétés industrielles. On a constaté quelques aspects des transformations des sociétés industrielles, on a suivi les phénomènes d'urbanisation, la répartition des travailleurs entre les différents secteurs de l'économie, la modification de l'importance relative des professions ou des secteurs de la vie économique. Cet aspect de l'hétérogénéité sociale se retrouve non pas identique mais analogue, dans les différentes espèces de sociétés industrielles. En revanche, dès que l'on arrive à la hiérarchie de richesse, de puissance, de prestige, à la constitution des groupes, non seulement il n'y a pas nécessité, mais il n'y a même pas probabilité que les phénomènes soient analogues dans les différents types de société industrielle. Dans toutes les sociétés industrielles, certaines personnes occupent des postes qui leur donnent de la puissance sur leurs semblables ou jouissent de prestige auprès des autres membres de la collectivité. Le dirigeant des moyens de production, gestionnaire d'une grande entreprise industrielle, possède un pouvoir sur ceux qui travaillent dans l'entreprise. Celui qui dirige une entreprise industrielle, quel que soit le pays, possède du même coup des moyens d'influencer l'Etat. Mais la relation entre le gestionnaire des instruments de production et le détenteur du pouvoir étatique est la même dans les pays arabes. Ceux qui, d'une façon ou d'une autre, exercent le pouvoir étatique.

Toutes les sociétés industrielles comportent des caractères communs à certains points de vue. La proportion des emplois intellectuels ou semi-intellectuels augmente inévitablement dans la société industrielle. On a besoin de plus en plus de cadres, d'ingénieurs, d'hommes qui aient une qualification technique. Tous les individus doivent savoir lire et

ensemble ou on fait faillite ensemble, on tire ensemble des leçons de ses erreurs, on recommence ensemble, on vit ensemble. Ce nouveau mariage de l'Occident et du Proche-Orient n'a rien de traumatisant; bien des compagnies ont déjà agi de la sorte ailleurs dans le monde. Pourquoi ne pas développer cette formule dans les pays arabes qui sont prêts à adhérer à une telle entreprise commune?

En même temps, l'idée d'une consommation normalisée sous-entend la fin de ces rêves princiers du capitalisme dont la possession par les maîtres de la société fournissait indéfiniment à leurs valets et leurs imitateurs des satisfactions de substitution. Le but n'est pas d'augmenter la consommation, mais de fixer un standard vital: moins dans les moyens préparatoires, plus dans les fins, moins dans l'appareil mécanique, plus dans l'accomplissement organique. Quand on aura atteint une telle norme, le succès dans la vie ne sera pas jugé d'après les tas de détritus qu'on aura laissés, mais par les biens immatériels et non consommables dont on aura appris à jouir, et par l'épanouissement personnel de chacun. La distinction et l'individualité résideront dans la personnalité à qui elles appartiennent, et non dans la grandeur des maisons où l'on vit, le prix des vêtements ou le nombre de salariés qu'on peut arbitrairement commander. De beaux corps, des esprits sains, une vie pleine, une pensée élevée, des perceptions justes, des réflexes émotifs intelligents et une vie de groupe propre à rendre possibles ces choses et à les exalter, tels sont quelques-uns des buts d'un standard normalisé. Alors que l'esprit qui présida à l'expansion de la machine fut étroitement utilitaire, le résultat net d'une telle économie serait de créer un Etat antithétique analogue aux civilisations d'esclaves des anciens, et jouissant d'une abondance de loisirs. Ces loisirs, s'ils ne sont pas stupidement mal employés dans la production irréfléchie d'encore plus de travail mécanique, soit par un esprit d'invention mal à propos, soit par un rite vain de consommation, peuvent se rencontrer dans une forme de société non utilitaire, vouée davantage au jeu, à la pensée, aux échanges sociaux et à tout ce qui donne plus de sens à la vie. Le maximum de machinisme et d'organisation, le maximum de confort et de luxe, le maximum de consommation ne signifient pas nécessairement le maximum dans l'expression de la vie. L'erreur consiste à croire que l'absence de maux physiques, une pléthore de biens sont les plus grands bienfaits de la civilisation, et que, s'ils augmentent, les maux de la vie s'évanouiront et disparaîtront. Le confort et la sécurité ne sont pas des biens inconditionnés, ils sont capables de vaincre la vie autant que la dureté et l'incertitude. Croire que tout autre intérêt, art, amitié, amour, paternité, doive être subordonné à la production de plus de confort et de luxe, c'est fournir une base à la consommation, sans les moyens politiques de la faire prévaloir, c'est prendre le sabotage des grands monopoles capitalistes pour un contrôle social intelligent. Les fondements de ce système de distribution existent déjà. Les écoles, les bibliothèques, les hôpitaux, les universités, les musées, les asiles, les gymnases, etc. sont financés dans tous les grands centres par l'ensemble de la communauté. La police et les services de sécurité contre l'incendie fonctionnent sur la base des besoins et non des capacités de paiement. Les routes, les canaux, les ponts, les parcs, les terrains de jeux sont au service de la population. D'ailleurs, sous la forme la plus pauvre et la plus mesquine, l'entreprise commune existe dans les pays qui ont des assurances contre le chômage et l'aide aux vieux travailleurs. Mais ces dernières mesures sont plutôt des moyens de salut qu'un mécanisme positif et salutaire pour rationaliser la production et normaliser les standards de consommation de la communauté. Une entreprise commune qui implique l'obligation de répartir le travail de la communauté dans la mesure nécessaire pour assurer cette base, cela ne signifie pas qu'il faille inclure toute opération, ni qu'il soit possible de satisfaire tout besoin dans le système d'une production planifiée.

L'entreprise commune s'appliquerait aux besoins économiques calculables de la communauté. Elle affecterait ces biens et ces services qui peuvent être standardisés, pesés, mesurés ou dont on peut faire une évaluation statistique. Au-dessus d'un tel standard, le désir de loisirs rivaliserait avec celui de biens supplémentaires. Et là, la mode, le caprice, le choix irrationnel, l'invention, les buts spéciaux auraient encore leur rôle à jouer. Bien que tous ces éléments aient été trop stimulés par le capitalisme, quelques-uns d'entre eux devraient subsister et être satisfaits dans tout système économique concevable. Mais, dans l'entreprise commune, ces besoins spéciaux n'agiraient pas pour désorganiser la production et paralyser la distribution. En ce qui concerne les marchandises de base, il y aurait complète égalité de revenus et, la consommation étant normalisée, les phénomènes de base tiendraient, vraisemblablement, de plus en plus compte des besoins de la communauté. De cette façon, et les gains de production et les remplacements croissants de la main-d'œuvre humaine pourront être des bénéfices pour l'ensemble de la société. Si l'on ne choisit pas l'entreprise commune, on tolère le chaos; soit la fermeture périodique de l'usine et la destruction des marchandises essentielles, avec des efforts brutaux de conquête impérialiste pour forcer les marchés étrangers, soit un retrait complet de la machine vers une sous-agriculture (culture de subsistance) et une sous-industrie (fabrication de subsistance) qui seraient bien inférieures, de toutes manières, à l'industrie artisanale du XVIIIe siècle. Si on veut conserver les bienfaits de la machine, on ne peut plus se permettre de nier sa principale condition sociale: l'entreprise commune.

Un des avantages de l'entreprise commune serait de mettre un frein à l'entreprise industrielle. Mais un tel frein, au lieu de prendre la forme d'un sabotage capitaliste ou d'un effondrement brusque en cas de crise commerciale, consisterait en une diminution progressive des parts individuelles et un engrenage de toute l'organisation dans un rythme régulier de production. Si rebutante que soit cette perspective pour l'entrepreneur de l'ordre ancien, humainement parlant elle représenterait un gain énorme.

Les pays arabes enrichis par le pétrole sont en voie de s'industrialiser et doivent faire des profits

La richesse soudaine des pays arabes provoque une orgie de dépenses inappropriées, sans plan d'ensemble, et même des dépenses inutiles. Cependant, on ne voit pas toujours les choses telles qu'elles sont en réalité. Sans doute y a-t-il un développement chaotique en certains endroits, mais plusieurs de ces pays ont sérieusement entrepris de transformer des sociétés vivant depuis longtemps dans la pauvreté en nations composées de citoyens physiquement sains, bien instruits, disposant de bons moyens de transport et de bons services publics, en pays industrialisés capables de concurrencer les pays occidentaux dans la production de l'acier, de produits chimiques, d'aluminium, d'engrais chimiques et d'autres produits. Il ne faut pas sous-estimer la capacité des pays du golfe Persique de devenir des puissances industrielles. On y rencontre des dirigeants ayant la maîtrise de leurs ressources et déterminés à réaliser l'industrialisation la plus rapide encore jamais vue dans l'Histoire. Il a fallu 120 ans pour construire une ville comme Pittsburgh; les pays du golfe Persique tentent de réaliser quelque chose de semblable instantanément avec la technologie la plus récente. Le fait le plus significatif pour l'avenir est l'investissement des pétrodollars à l'intérieur même des pays exportateurs de pétrole, et non pas le recyclage des dollars que ces pays ne peuvent dépenser immédiatement. Ce n'est là qu'un problème temporaire.

Les gouvernements des pays exportateurs de pétrole travaillent fiévreusement à des projets de développement leur permettant d'investir chez eux l'argent provenant de la vente du pétrole. Ils veulent construire des usines pour la transformation du pétrole et de leurs autres richesses naturelles, de telle sorte qu'ils puissent subvenir aux besoins de leur population quand les puits de pétrole seront épuisés. Il est impossible actuellement d'estimer les sommes investies à l'intérieur même des pays exportateurs de pétrole, car ils ne sont pas encore équipés pour recueillir les données. Ce n'est qu'en 1971, par exemple, que l'Arabie Saoudite a procédé au premier recensement de son histoire. Les pays arabes auraient importé pour $35 milliards de produits divers, en 1977, comparativement à $13 milliards en 1973. Selon les banquiers, les pays arabes auraient entrepris la réalisation d'ici quelques années de projets évalués à $50 milliards. Environ la moitié de cette somme serait dépensée pour la construction d'usines et l'achat d'équipement. De nombreux autres projets s'accumulent sur les pupitres des dirigeants. Si l'on s'en tient à l'expérience du passé, on peut dire qu'une partie des sommes dépensées seront gaspillées par suite d'erreurs ou de corruption. Parmi les dépenses non productives, on signale notamment l'achat d'armes modernes dont sont particulièrement friands les pays arabes. Cependant, la plupart des observateurs sont d'accord pour dire que, dans tous les pays arabes, les dirigeants sont déterminés à éviter le gaspillage de leurs richesses. Dans tous ces pays, il y a un problème commun, la pénurie de main-d'œuvre qualifiée et de moyens d'éducation et de formation professionnelle. Les coutumes de ces peuples sont aussi des obstacles au développement industriel. Parmi ces pays, ceux qui ont le plus de pétrole sont les moins peuplés, ceux qui peuvent le plus difficilement dépenser l'argent que leur rapporte le pétrole.

A l'autre extrémité, il y a le Koweit qui n'a que 1 000 000

d'habitants, et des revenus par habitant d'environ $30 000 par année. Les pays exportateurs qui semblent devoir être incapables d'investir chez eux leurs revenus du pétrole sont l'Arabie Saoudite, le Koweit, Qatar, Abu Dhabi et la Lybie. L'Iran et l'Algérie sont plus fortement peuplés et sont passablement développés. L'Irak est dans une situation mitoyenne.

Les cheikhs en mal de placer leurs milliards cherchent surtout des placements sûrs, à court et à moyen terme, et non à prendre le contrôle de secteurs vitaux de l'économie du monde industriel. Par contre, au lieu de se contenter de s'approprier une part du marché des capitaux du Proche-Orient, les hommes d'affaires devraient montrer plus d'agressivité et envahir cette région où il y a de bonnes affaires à leur portée. En 1975, l'Arabie Saoudite était intéressée à un système de communications, particulièrement le téléphone (Bell Canada 1978), tandis que d'autres pays, comme l'Iran, offraient de grandes possibilités pour les exportations (Alcan 1978), à cause d'un plan accéléré d'industrialisation. D'autre part, l'Algérie serait plutôt impressionnée par un système bancaire et intéressée à amorcer une forme quelconque de coopération. D'autres pays chercheraient à accueillir des investissements de la part de chaînes d'hôtels. Les pays appartenant au cartel de l'OPEP disposent de gigantesques surplus mais ne visent pas la prise en charge de l'économie occidentale. Ils sont plutôt préoccupés par la protection de leur pouvoir d'achat pendant une période plus ou moins longue, jusqu'à ce qu'ils soient en mesure d'utiliser leurs propres réserves dans le développement de leur propre économie. Ils sont prêts à investir dans les entreprises, mais ne sont pas intéressés au contrôle de celles-ci, parce qu'ils ne possèdent pas les ressources humaines pour assumer un contrôle effectif. Ces pays réclament donc une réforme en profondeur des institutions qui gèrent l'économie occidentale, comme le Fonds Monétaire International, et réclament une voix plus forte et une participation accrue au sein de ces institutions, l'Algérie pour sa part demandant que les votes soient partagés en deux parties, une partie allant au Tiers monde et l'autre au monde possédant. Les pays pétroliers sont fort préoccupés par les taux de change flottants de plusieurs pays et cherchent une méthode pour garantir davantage la valeur réelle de leurs réserves. Ils paraissent disposés à démonétariser l'or et sont fort réticents à institutionnaliser le flottement du cours des monnaies, comme cela se pratique dans la plupart des pays présentement.

Par ailleurs, ces pays soutiennent qu'ils collaborent au recyclage des pétrodollars en important de plus en plus de marchandises et de technologie des pays industrialisés et en augmentant sensiblement leur aide au Tiers monde.

Les historiens aiment traiter de la moralité douteuse du XIXe siècle, cette époque où les prétendus magnats du vol ont créé des fortunes par l'exploitation éhontée des autres, ou bien ils entourent ces années d'une auréole romantique où la chance et l'énergie de l'individu ont créé les stéréotypes du succès. La vérité se situe quelque part entre ces extrêmes. L'économie de l'époque n'était pas réglementée, tant aux Etats-Unis et au Canada qu'en Grande-Bretagne. Les impôts étaient minimes ou inexistants. Pas de loi des compagnies. Les bourses de valeurs étaient de vrais casinos. Et surtout, la floraison soudaine d'inventions et d'idées scientifiques faisait sourdre des industries de toutes sortes. La productivité, quel qu'en fût le prix pour l'homme ou la société, s'est exprimée triomphalement par les cheminées crachantes de Hamilton et de Pittsburgh, le ronronnement des métiers aux mains des enfants du Lancashire, les héroïques ruées vers l'or du Klondike et de l'Afrique du Sud (où une pincée d'or valait plus qu'une vie humaine), et les treuils de forage d'exploration qui hérissaient la campagne déserte du Texas et de la Pennsylvanie. Quand un puits jaillissait, le cultivateur devenait millionnaire du soir au matin. Déjà on reconnaissait dans le pétrole la force qui devait actionner, chauffer et lubrifier la nouvelle société industrielle. Si le pétrole devait commander les machines, qu'est-ce qui entraînait l'homme? Tout simplement, le profit. Non pas le profit au sens actuel de bénéfice, ce rendement raisonnable du capital et de l'effort après versement des impôts. Et le profit n'était pas toujours relié à la satisfaction d'un besoin commercial légitime. Le profit avait pour sens d'en donner le moins possible et d'en prendre le plus possible. La vie fastueuse de ces premiers individualistes, chez qui la richesse instantanée trop grande chassait la culture éclair fuyante, c'était aussi une forme d'inflation. Il fallut quelques générations aux héritiers de ces fortunes pour apprendre à tempérer de bon goût et de conscience sociale leur richesse. Des fondations portent le nom des hommes mêmes dont l'attitude à l'égard de la richesse a paru absolument égoïste. De nos jours, les profits des fondations Rockefeller, Ford et de multiples autres moins connues s'acheminent vers la recherche scientifique et médicale, les donations aux musées, universités et hôpitaux, les bourses aux artistes, écrivains et musiciens, les subventions à la panoplie la plus renversante de visionnaires, de rêveurs et d'excentriques, pour leur permettre de se réaliser. Par une triste ironie du sort, bien des bénéficiaires de ces fondations ont été les plus durement atteints par la récente chute abrupte des bénéfices des entreprises. Comme l'avoir des fondations consiste en obligations et en actions de compagnies diverses, il s'est amenuisé et on a dû restreindre les œuvres. Plaidoyer en faveur des grandes compagnies? Aucunement. Malgré cette impression que les profits rondelets servent le riche et le puissant, la diminution des profits tend à blesser tout le monde, surtout l'homme du commun. Dans un hôpital, une unité spéciale de recherche doit différer le travail en cours par manque de fonds. Dans d'innombrables foyers, le chômage sape soudain le gagne-pain, puisque les employeurs doivent abaisser leur masse salariale. Si elle a haussé les coûts de l'entreprise, l'inflation des prix n'a pas accru ses profits. Les marges en réserve pour l'expansion et l'essor se sont évanouies. En dollars d'aujourd'hui (rajustés pour tenir compte de l'inflation), c'est pour le mieux le *statu quo* et, pour le pis, un recul véritable. Comme l'homme emporté sur une pente glacée, l'employeur s'acharne à regrimper la pente, mais il perd sans cesse du terrain. Bien des gens rejettent l'argument, prétextant à la propagande égoïste. Non seulement la jeune génération préfère aux faits et aux chiffres le cliché idéologique facile, mais les plus âgés font de même. Face aux manchettes sur les bénéfices accrus des sociétés, ils vibrent d'une hostillité instantanée. Une autre extorsion! L'exploitation du prolétaire... Depuis 1950, les profits ont été grugés en partie par le coût accru des rémunérations des salariés (paie, avantages sociaux, vacances, pensions, assurances) et par les programmes sociaux auxquels l'Etat accorde plus de fonds, par le truchement des impôts. Il y a aussi, il va sans dire, l'inflation. Si l'on choisit la répartition simpliste entre les bons et les méchants, il est certes facile d'oublier que les entreprises socialistes ont besoin de profits comme les nôtres. L'usine de montage de tracteurs d'Omsk, en URSS, doit réserver une part de ses bénéfices à l'expansion tout comme celle de Winnipeg. Les machines s'usent et on doit les remplacer à l'aide de bénéfices ou de fonds nouveaux, à Omsk comme à Winnipeg. Mais une différence existe. Quand l'Etat est le seul employeur, les livres de la nation s'accommodent bien de quelques tours de passe-

passe comptables. Et le profit paraît subordonné en importance à des priorités plus élevées. A Winnipeg, c'est plus difficile. L'usine de tracteurs prospère ou recule en proportion directe de son rendement, donc de son niveau de bénéfices. Pas de confortable amortisseur étatique. De plus, la compagnie à actions négociables doit publier ses bénéfices qui dictent, dans une large mesure, son aptitude à recruter des capitaux pour grandir. Les investisseurs, désenchantés de la descente en spirale des profits, de la moins-value de leurs actions et du resserrement des dividendes, ne peuvent être blâmés de s'écarter des actions ordinaires pour courtiser les obligations et certificats d'épargne à intérêt fixe. Les investisseurs (particuliers ou bien institutions) recyclent les économies pour obtenir un rendement raisonnable en dividendes ou en intérêts. Vu le déclin constant des bourses d'Europe et d'Amérique du Nord depuis quelques années, l'argent tend à passer, de la participation au marché, aux prêts. Autrement dit, les investisseurs préfèrent aujourd'hui prêter leurs capitaux en obligations, plus sûres et à taux d'intérêts élevés.

La participation des employés aux bénéfices de l'entreprise n'est pas une forme rampante de socialisme, mais représente au contraire le capitalisme créateur à son meilleur. Implicite dans toutes les sociétés, le profit, quelle que soit la façon dont on le définit ou le mesure, est ce qui reste lorsque les coûts de toute activité sont retranchés. Le profit est donc la marge disponible pour la croissance. De nombreuses personnes dans nos sociétés actuelles considèrent que la notion de profit va à l'encontre des intérêts de la communauté. Pourtant, la recherche du profit est indispensable pour régler les problèmes auxquels font face nos sociétés. La principale thèse est que la solution de ces problèmes ne se trouvera pas en cherchant à éliminer la motivation vers le profit, mais plutôt à lui donner de l'ampleur pour ouvrir la voie à la participation aux profits de millions de citoyens qui en sont actuellement dépourvus. Cette redistribution de la richesse se justifie par la nécessité de créer un équilibre harmonieux entre la production de la richesse et sa distribution, afin de provoquer la croissance de l'économie.

S'attaquer avant tout à accroître la productivité sans en répartir équitablement les gains amène aussi un déséquilibre économique, car le système manquera de pouvoir d'achat pour fonctionner; la richesse étant concentrée en trop peu de mains, la production ne pourra être absorbée. La tâche la plus urgente est donc d'accroître la productivité et d'en partager les gains. On ne peut plus se permettre le luxe d'une confrontation entre patrons et salariés.

Le dilemme est d'appliquer aux travailleurs le même principe du partage des profits qu'aux actionnaires et aux cadres. La participation aux profits mettrait fin au conflit entre les appréhensions de la direction et les attentes des travailleurs, sur la base de faits matériels au fur et à mesure qu'ils se déroulent, plutôt que sur des spéculations quant à ce que l'avenir nous réserve.

Si l'on ne veut pas voir se détruire le système économique, on doit atteindre une cohésion patronale-ouvrière en accroissant la productivité, jugulant ainsi l'inflation, et en développant des systèmes participatifs aux profits. Cette initiative revient aux hommes d'affaires, sinon il ne reste plus guère d'espoir pour la libre entreprise.

Les avantages de la participation sont multiples. Le principal est que l'ère des employés programmés, des robots, est terminée et que même si la direction craint l'immixtion des travailleurs, la réalité se situe au milieu, c'est-à-dire qu'une partie du personnel est prête à collaborer intelligemment, à faire preuve d'esprit de participation. Dans un tel système, la participation aux profits n'est pas seulement un partage d'argent, c'est une philosophie de la coopération, un sens de la responsabilité et un esprit de participation. C'est donc la base pour communiquer.

L'entreprise commune favorise un climat social serein

Si l'on parle actuellement de développement, c'est surtout par suite des pressions des régions relativement sous-développées, qui ont pris conscience de leur manque de développement et qui réclament au nom de la justice un traitement égalitaire. Le développement devient alors un moyen de combattre la pauvreté et de diminuer le chômage. Ainsi s'inscrit très souvent, dans les programmes et les politiques de développement, une ambiguïté qui les rend presque inefficaces. Il s'agit de l'ambiguïté entre programme de bien-être et programme de développement. Le programme de bien-être doit à court terme soulager sur place la misère ou la pauvreté. Comme tel, il ne s'attaque pas aux sources ou aux causes de la pauvreté, mais veut en atténuer les effets. Normalement de

178

tels programmes devraient chercher à réhabiliter les individus ou les groupes soumis à la pauvreté, mais ceci supposerait que les programmes de bien-être soient coordonnés avec les programmes de développement. Ainsi pour efficaces que soient, à court terme, les programmes de bien-être, ils peuvent devenir très dommageables à moyen terme. En diminuant les manifestations de la pauvreté, ils ne s'attaquent pas aux causes réelles de cette pauvreté, de sorte que la situation globale s'en va lentement vers une impasse complète.

Les programmes de développement ont comme caractéristique première de n'être pas directement rentables à court terme. Ils s'attaquent à la pauvreté, non pas en diminuant les effets, mais en cherchant à éliminer les causes. Ainsi, on cherchera à établir les infrastructures nécessaires à une activité économique plus poussée, on organisera de façon plus rationnelle et plus rentable l'exploitation des ressources naturelles, on cherchera à établir l'équilibre entre le niveau de la population et le niveau des ressources, on orientera de façon concertée l'industrialisation de façon à créer en dehors du pôle principal des pôles secondaires d'activités, on évitera ainsi le saupoudrage des investissements. Ce qui caractérise, de façon profonde, l'approche de la politique de développement, c'est sa globalité. L'analyse des causes de la pauvreté ne se fera pas de façon sectorielle, mais de façon globale. On cherchera à tenir compte de toutes les variables qui influencent le phénomène, et pour autant on cherchera à influencer toutes ces variables. Rendre plus rationnelles les activités, augmenter le rythme de croissance de ces activités, adapter la main-d'œuvre aux besoins de planification nécessaire par suite du développement, voir à la mobilité de cette main-d'œuvre, autant d'actions qui doivent être entreprises de façon simultanée et coordonnée. Il faut bien voir ici que certains programmes, qui, coordonnés avec d'autres pourraient devenir des éléments positifs d'une politique de développement, peuvent demeurer plus ou moins inefficaces et même devenir nuisibles si cette coordination essentielle n'a pas lieu. Un programme de main-d'œuvre, par exemple, peut facilement devenir une forme d'assistance sociale et créer du sous-emploi, sinon du chômage, s'il n'est pas coordonné à toute une autre série de programmes visant à rationaliser le processus de l'industrialisation, visant à rendre rationnelle la localisation industrielle, visant à créer les logements nécessaires par suite des transferts de la population, etc.

Politique de bien-être et politique de développement ont donc ainsi à la fois des objectifs et des moyens d'action diamétralement opposés. En pratique cependant, il faut que ces deux types de politiques coexistent en même temps. D'où la nécessité d'une très grande coordination entre ces deux formes de politique opposées. Cette coordination doit prendre la forme d'une sorte de dosage des deux formes de politique. Tant que les politiques de développement n'ont pas commencé à porter fruit les politiques de bien-être doivent opérer au maximum. Mais à mesure que les effets du développement prennent place, les programmes de bien-être doivent être modifiés et perdre de leur importance. En d'autres mots, les programmes de bien-être doivent être conditionnels aux programmes de développement.

Mais ce qui est surtout très important, c'est que ces deux formes de programme ne doivent pas être confondues dans un seul programme qui chercherait à atteindre à la fois soulagement de la pauvreté et développement. En effet, l'action entreprise sur les conséquences neutralise complètement l'action entreprise sur les causes.

Coordonner les politiques de bien-être et les politiques de développement, c'est en fait, faire la seule planification possible, c'est-à-dire une planification globale.

Malgré les différences considérables qui existent entre les incarnations concrètes de la démocratie, la recherche d'un contrôle plus grand des individus sur l'activité sociale s'opère selon deux méthodes principales: la revendication conflictuelle et la coopération.

Le modèle conflictuel a notamment inspiré le libéralisme économique et demeure le modèle prédominant dans la société occidentale. Ce modèle présuppose l'existence d'une inégalité entre les individus ou les groupes. Un groupe relativement petit détient le pouvoir et contrôle presque exclusivement toutes les décisions qui affectent les activités sociales. Une masse considérable ou plusieurs groupes importants n'ont qu'un accès limité aux décisions et cherchent à augmenter leur contrôle. Face à cette inégalité, la réaction des groupes en présence peut être différente et donner lieu à diverses relations conflictuelles. Dans un premier cas, la légitimité de l'autorité des détenteurs du pouvoir n'est pas remise en cause et le groupe des détenteurs du pouvoir est défini comme extérieur à la masse. L'inférieur qui veut influencer les décisions du supérieur, dans la direction de ses intérêts propres, doit chercher à amadouer le supérieur, le plus souvent en lui garantissant une fidélìté. Dans un deuxième cas, la légitimité de l'autorité, sans disparaître complètement, est remise en cause. L'inférieur a aussi conscience d'une certaine légitimité de ses revendications et veut faire valoir ses besoins. On pourra chercher à influencer les décisions en recourant encore au patronage. Mais le plus souvent on ne se contentera pas de chercher à amadouer le détenteur du pouvoir, on pourra aussi le menacer directement. Alors que la relation de patronage se faisait ordinairement de façon privée et tacite, la relation de menace se fait ordinairement de façon publique et ouverte. Enfin, le dernier cas est celui où la légitimité de l'autorité est complètement remise en question et où le groupe d'inférieurs désire lui-même prendre le pouvoir. Le conflit est alors au maximum et l'aboutissement logique de ce cas est un changement de régime politique.

On peut voir dans ces trois situations une sorte de gradation qui détache de plus en plus la relation de contrôle de la situation de la société traditionnelle. A chacune de ces étapes, les inférieurs ou la masse obtiennent un contrôle plus grand sur les décisions collectives. Pour autant, il y a gain du côté de la démocratie. Une certaine forme d'animation prendra comme postulat qu'il y a progrès lorsqu'on réussit à faire passer une population d'une étape à l'autre. Cette animation sociale cherchera à faire prendre conscience à une population, non pas tellement de ses besoins, mais de sa capacité d'influencer les décisions par une action conflictuelle publique s'appuyant sur une action concertée de groupe. Ce genre d'animation suppose donc que le conflit est la plus importante sinon la seule forme de relation de contrôle des individus.

Si le conflit a été le modèle principal utilisé dans la réalisation de la valeur démocratie dans le monde occidental, on assiste depuis quelques années à l'émergence d'un nouveau modèle. Ce nouveau phénomène s'exprime par l'utilisation de plus en plus courante du terme « participation ». La situation alors n'est pas définie en termes d'inégalité et de rapport de force, mais en termes d'égalité et de discussion rationnelle. Pour résoudre les différends inhérents à toute situation sociale ou politique, la participation présuppose la coopération et non le conflit. Elle présuppose aussi que l'antinomie entre la valeur démocratie et la valeur rationalité soit disparue. La participation, c'est la démocratie rationnelle ou rationalisée.

Démocratie des techniciens, la participation coopérative exige que les agents individuels et collectifs bien qu'ayant des intérêts divergents soient égaux au point de vue de la rationalité. Les décisions sociales et politiques ne sont plus le fait d'un petit groupe en position de pouvoir, mais le fait de l'ensemble de la société. Si pour des raisons d'efficacité, certains doivent être en position d'autorité, cette autorité n'est pas basée sur une légitimité personnelle, mais sur une compétence et une rationalité plus grande. La revendication de l'inférieur ou des groupes qui ne sont pas en position d'autorité, devra s'appuyer non pas sur la force, mais sur une rationalité égale sinon plus grande que celle des supérieurs. Tous peuvent et même doivent contribuer à la prise de décision, mais non pas à partir de leurs préjugés et de leurs besoins perçus intuitivement. Les seuls participants valables sont ceux qui froidement seront capables d'analyser la situation et de choisir les solutions les plus efficaces.

La participation rationnelle est exigée par la complexité technique des actions sociales et, pour autant, par le nombre croissant de variables dont on doit tenir compte scientifiquement au moment de prendre des décisions. Le développement des sciences économiques et sociales en général qui permettent maintenant d'analyser de façon rationnelle des conduites et des activités qui autrefois ne pouvaient être perçues que par expérience et par intuition, vient encore augmenter la justification de ce mode de démocratie rationnelle.

Alliant la démocratie à la rationalité, la participation rencontre toutefois des oppositions très vives de la part, à la fois des détenteurs du pouvoir et de la population. Sans faire disparaître le pouvoir, la participation restreint son exercice à la compétence. Tout détenteur du pouvoir qui a atteint son statut par un autre moyen, se sent donc menacé par la notion de participation. Inversement, par le concept de participation, la population se voit enlever son arme la plus efficace et la plus facile, la force. Dans la participation, la population ne peut avoir de contrôle que si elle est devenue rationnelle, que si elle a acquis une nouvelle forme de pensée en même temps qu'une somme de connaissances considérable. Ainsi, plus la complexité technique de la société est grande, plus la participation deviendra difficile pour la population. Ce qui est certain, c'est que des idéologies coopératives du XIXe siècle ont pu être réalisées dans des situations prétechniques ou à faible technicité. La participation, dans le contexte très technique, suppose donc un point de départ différent de celui contenu dans ces utopies populaires. De même que l'animation sociale dans certains cas cherchait à s'appuyer sur le conflit, dans d'autres cas elle cherche à s'appuyer sur la participation. L'objectif dans ce dernier cas n'est plus de rendre une population consciente de sa force revendicatrice, mais de préparer la population à jouer son rôle d'agent rationnel et égal. Il s'agit ici plus que d'aider simplement la population à articuler de façon cohérente ses besoins. Il faut réussir à changer son optique en même temps que lui fournir un minimum de connaissances.

Le principal remède aux maux et aux malaises qui menacent présentement le système économique capitaliste réside dans la création, au sein de la libre entreprise, d'un climat collégial qui colle mieux à l'ordre nouveau des priorités des employés, un climat dans lequel les valeurs humaines auront une importance primordiale. Le mot collégial implique le respect de la personne et de ses opinions, aussi bien que le respect de l'autorité qui éventuellement forgera à partir de ces opinions, une ligne de conduite valable. Ceci suppose aussi que tout le potentiel de chaque employé, en matière de conception et de contribution peut être mis en valeur sans rompre les lignes existantes d'autorité et de responsabilité. Le succès de la création d'un tel climat dépendra en grande partie de l'attitude de la direction. Des études ont démontré que la manière d'agir d'un chef de service influence ses subalternes qui, à leur tour, la transmettent à leurs subalternes, et ainsi de suite. Il s'ensuit que lorsqu'un chef de service aura reconnu complètement l'importance des valeurs humaines dans son département, il se rendra compte que son attitude suscite un nouveau climat de confiance, d'amour-propre et de motivation dans toutes les couches de son organisation.

En suggérant l'approche « collégiale », on exhorte les dirigeants à agir dans leur propre intérêt. On ne suggère pas que l'argent des actionnaires soit gaspillé en programmes pseudo-sociaux inutiles. On propose une approche essentielle à la préservation de la crédibilité de la libre entreprise et à un renouveau de satisfaction au travail de la part des employés. Les progrès techniques sont vraiment extraordinaires. Pourtant, on ne semble pas y trouver satisfaction. De plus en plus, les travailleurs montrent leur mécontentement par l'absentéisme, le changement fréquent d'emploi, la maladie imaginaire et, en général, par un rendement inférieur.

Il semble que certains engrenages, dans une machine bien lubrifiée, ne parviennent pas à s'engager. Le produit sort de l'atelier, mais on le dirait déjà usé. De toute évidence, le monde des affaires a lui-même fortement contribué à créer le climat actuel.

En ne se préoccupant que des besoins matériels de la société, le monde des affaires a fermé les yeux sur le mécontentement, les frustrations, voire le désespoir, sentiments qui caractérisent généralement une société en voie de perdre son âme.

La direction doit disséquer les raisons du déclin de la conscience professionnelle, la raison de la froideur manifestée envers la carrière d'homme d'affaires, la raison pourquoi les gens ont de plus en plus l'impression que leur travail est ingrat, la raison des rapports antagonistes qui ont surgi entre un grand nombre d'employés et la direction.

Les compagnies sont coupables de prendre les employés pour acquis et de les traiter plutôt en fonction de leur rendement qu'en fonction de leur identité humaine. A l'échelle économique, on a trop souvent été enclin à penser chiffres et numéros, oubliant tout ce que la construction d'énormes usines pouvait avoir d'effet dépersonnalisant. On a la conviction qu'aucune décision touchant un employé ne devrait être prise sans que celui-ci participe à la discussion de cette décision. Là où des conseils en main-d'œuvre travaillent de concert avec chaque niveau de gestion, il en est résulté une facilité de communications et d'échanges de vues qui ont donné un degré de stabilité et de productivité sans précédent.

Dans l'ensemble, la direction constatera que ces programmes de caractère humanisant seront plus faciles à mettre en marche et à faire accepter si les cadres, pris individuellement, surmontent de façon consciente et délibérée leurs propres craintes, leurs préjugés et leur inflexibilité.

Tout changement dans ces rapports suscitera une vive résistance et les gestionnaires peuvent s'attendre à une opposition farouche, même si elle est peut-être totalement injustifiée. Cependant, les syndicats commenceront à se plier aux exigences nouvelles de leurs membres. Cela est encourageant, parce que plusieurs des difficultés qui confrontent le patronat et les syndicats leur sont communes par nature. Par conséquent, certains programmes institués par le patronat ne fonctionneront que si les dirigeants syndicaux prennent part à leur élaboration et à leur mise en œuvre.

Pour ce qui est de la diffusion de ces fantastiques richesses dans la population du monde arabe, le moyen le plus simple serait de les distribuer au prorata, selon des critères préétablis qui viseraient la plus grande justice possible. Mais cette façon de procéder n'incite guère à l'effort et à l'esprit d'entreprise. A la limite, on disposerait d'un peuple où la majorité des gens seraient de purs analphabètes, pas éduqués, indisciplinés et rentiers à la naissance. C'est peu reluisant comme avenir car cet avenir serait lui-même compromis lorsqu'un chef ou un étranger voudrait spolier cet Etat bâtard incapable de calculer son avoir, incapable de se développer par lui-même, incapable de se défendre s'il est menacé. Non il faut plus que de l'argent entre les mains de simples citoyens, il leur faut des connaissances et, comme la plupart d'entre eux sont ou seront des hommes d'affaires, il leur faut connaître les affaires. C'est pourquoi on adopte de plus en plus le système d'entreprise commune. Tout étranger qui veut monter une entreprise dans certains pays arabes producteurs de pétrole doit s'associer à un citoyen du pays qui sera son associé, son *sponsor* et qui recevra des bénéfices. Qu'il s'agisse d'un complexe pétrochimique ou d'une boutique, la règle est la même. Rien n'interdit non plus aux citoyens sur place de s'associer à un étranger pour se lancer en affaires. De sorte que chaque citoyen finit par trouver un *sponsorship* à sa mesure. L'avantage du système est de faire participer les autochtones aux affaires et aux bénéfices. L'inconvénient est d'en faire des rentiers. Le but visé est de propager le savoir-faire autochtone ou étranger le plus possible. C'est à partir d'actions concrètes que les gens pourront prendre de l'expérience et ainsi faire avancer leurs propres affaires. C'est de cette façon que des micro-sociétés hier encore médiévales ont choisi de supporter le choc de l'argent, de la consommation et du modernisme.

L'avenir appartient à toutes les catégories d'entreprises, petites, moyennes ou grandes, pourvu qu'elles puissent gérer leurs affaires à bon escient et profiter des occasions tout en s'adaptant constamment. La plupart des compagnies répugnent à étaler leurs chiffres d'affaires et la part retenue par leurs frais d'opération; c'est comme si elles devaient montrer leur jeu avant de jouer la première carte. D'ailleurs la plupart des gouvernements ne sont guère intéressés à voir leurs propres compagnies perdre des avantages commerciaux suite à une indiscrétion même légale. Ce qui intéresse avant tout un gouvernement, c'est de trouver de nouveaux marchés pour écouler les produits fabriqués chez lui.

Dans le cas des pays arabes producteurs de pétrole, point n'est besoin de chercher de nouveaux marchés pour le pétrole. Les marchés sont connus depuis fort longtemps et ces pays n'ont pas à se préoccuper d'un tel problème. Il reste que les Arabes recherchent beaucoup d'autres choses que des marchés. Ils croient en l'avenir de leurs pays et entendent le bâtir par projets conjoints. Ces *joints ventures* diminuent les risques, les pertes dues à l'inexpérience et font acquérir à tout entrepreneur la mentalité du pays dans lequel il s'implante, facteur indispensable de réussite. Cela maximise les avantages et minimise les inconvénients. Cette formule permet également l'accessibilité à tout un encadrement, encourage la fabrication sous licence et introduit de nouvelles techniques. C'est une forme de marketing sophistiquée et efficace.

Les Arabes sont ouverts à une telle formule qui entraîne leurs propres concitoyens vers de nouveaux sommets et laisse à chacun un degré de liberté acceptable. On est loin de l'impérialisme et du colonialisme; on s'approche plutôt d'un équilibre mutuellement avantageux qui devrait connaître une expansion formidable. En effet, au lieu d'une ruée vers l'or noir comme par le passé, on devrait être témoin d'une ruée vers l'entreprise commune chez eux, l'un fournissant la finance et les hommes, l'autre le savoir-faire et l'expérience.

Conclusion

Il ne sert à rien d'ignorer le fait arabe dans le monde et de souhaiter qu'un heureux hasard vienne sauver l'économie de l'Occident. L'avenir se prépare aujourd'hui en tenant compte des nouvelles forces qui tentent une percée dans le monde industriel. Cette percée, les Arabes ont tous les atouts pour la réaliser avant l'an 2 000. Bien plus, ils ont aussi tous les atouts pour précipiter les pays occidentaux dans la dèche. Il faut donc aller au-devant d'eux, leur offrir une formule de développement acceptable: l'entreprise commune. Sans elle, on s'en tiendra à la vente d'équipement et à la fourniture de techniciens, mesures qui sont loin d'être enrichissantes pour l'Occident et le Proche-Orient. Il faut bien plus, il faut des mesures positives, des formules pleines d'avenir, ouvertes à tous, où chacun y trouve son bénéfice. Une multitude d'entreprises communes, de toutes tailles, est certainement la garantie d'un échange serein et étendu, intellectuel et matériel, capable de réaliser en une génération ou deux le suprême désir des pays arabes, l'industrialisation. Il est aussi capable de matérialiser la plus grande ambition des pays industriels occidentaux, l'intégration de ces nouveaux partenaires à une économie libre et diversifiée.

Le défi arabe est complexe et profond. Il est pourtant présent dans toutes les bourses du monde. Le défi arabe ne le cède en rien aux autres défis qu'ont dû surmonter les économies occidentales. Il s'ajoute aux autres, les transcende même. Faisons face à ce nouveau défi par l'entreprise commune et rééquilibrons ainsi l'économie dans ses fondements. Tout le reste viendra irrésistiblement.

SOURCES

STATISTIQUES

Beaujeu-Garnier, J., Gamblin, A., et Delobez, A., *Images économiques du monde (1974)*, Paris, Société d'édition d'enseignement supérieur.

World *Almanac and Book of Facts 1978*, New York, Newspaper Enterprise Association Inc.

PÉRIODIQUES (1973-1978)

La Revue, Montréal, Compagnie Pétrolière Impériale, ltée.
La Revue des affaires, Montréal, Banque de Montréal.
Paris-Match, Paris.
Petroleum Economist, Paris.
Sélection du Reader's Digest, Montréal, Reader's Digest Magazines Ltd.

JOURNAL (1973-1978)

La Presse, Montréal

LIVRES

Aron, Raymond, *Dix-huit leçons sur la société industrielle*, Paris, Gallimard, 1962.

Mérigot, J., et Froment, R., *Notions essentielles de géographie économique*, Paris, Sirey, 1963.

Mumford, Lewis, *Technique et civilisation*, Paris, Editions du Seuil, 1950.

Achevé d'imprimer sur les presses
de l'Imprimerie Laflamme Ltée
en novembre 1978
Imprimé au Québec